"一带一路"列国人物传系

总主编◎王　丽

尼泊尔名人传

THE LEGEND OF THE PEOPLE
ALONG THE BELT AND ROAD
FAMOUS NAMES
OF NEPAL

主编◎王灵桂　刘强伦

当代世界出版社
THE CONTEMPORARY WORLD PRESS

图书在版编目（CIP）数据

尼泊尔名人传 / 王灵桂，刘强伦主编. -- 北京：
当代世界出版社，2025.4
（"一带一路"列国人物传系）
ISBN 978-7-5090-1700-5

Ⅰ. ①尼… Ⅱ. ①王… ②刘… Ⅲ. ①人物 - 列传 -
尼泊尔 Ⅳ. ① K833.55

中国版本图书馆 CIP 数据核字 (2022) 第 222837 号

书　　名："一带一路"列国人物传系·尼泊尔名人传
出 品 人：李双伍
监　　制：吕　辉
责任编辑：高　冉
助理编辑：田梦瑶
出版发行：当代世界出版社
地　　址：北京市东城区地安门东大街 70-9 号
邮　　编：100009
邮　　箱：ddsjchubanshe@163.com
编务电话：(010) 83907528
　　　　　(010) 83908410 转 804
发行电话：(010) 83908410 转 812
传　　真：(010) 83908410 转 806
经　　销：新华书店
印　　刷：北京汇瑞嘉合文化发展有限公司
开　　本：880 毫米 ×1230 毫米　1/32
印　　张：5.25
字　　数：92 千字
版　　次：2025 年 4 月第 1 版
印　　次：2025 年 4 月第 1 次
书　　号：ISBN 978-7-5090-1700-5
定　　价：58.00 元

《"一带一路"列国人物传系》编辑委员会

指导单位：

中国文学艺术界联合会

中国社会科学院国家全球战略智库

编委会：

主　任： 王　丽

副主任： 唐得阳　王灵桂

委　员：（按姓氏笔画排序）

丁闻琦	丁　超	于　青	于福龙	马细谱	王成军	王　丽
王灵桂	王建沂	王春阳	王郦久	王洪起	王宪举	王　渊
文　炜	孔祥琇	石　岚	白明亮	冯玉芝	成　功	朱可人
刘　文	刘思彤	刘铨超	安国君	许文鸿	许烟华	孙钢宏
孙晓玲	苏　秦	杜荣友	李一鸣	李永全	李永庆	李垂发
李玲玲	李贵方	李润南	余志和	宋　健	张　宁	张　敏
陈小明	邵诗洋	邵逸文	周由强	周　戎	周国长	庞亚楠
胡圣文	姜林晨	贺　颖	贾仁山	高子华	高宏然	唐岫敏
唐得阳	董　鹏	韩同飞	景　峰	程　稀	谢路军	翟文婧
熊友奇	鞠思佳					

支持单位：

中国社会科学院俄罗斯东欧中亚研究所

北京融商一带一路法律与商事服务中心

法律顾问：

北京德恒律师事务所

总　序
群星闪耀"一带一路"

2013 年 9 月 7 日，中国国家主席习近平在哈萨克斯坦纳扎尔巴耶夫大学发表演讲，以博古通今的睿智对大学生们娓娓道来丝绸之路古老而年轻的故事。

"2100 多年前，中国汉代的张骞肩负和平友好使命，两次出使中亚，开启了中国同中亚各国友好交往的大门，开辟出一条横贯东西、连接欧亚的丝绸之路。

"我的家乡陕西，就位于古丝绸之路的起点。站在这里，回首历史，我仿佛听到了山间回荡的声声驼铃，看到了大漠飘飞的袅袅孤烟。这一切，让我感到十分亲切。

"哈萨克斯坦这片土地，是古丝绸之路经过的地方，曾经为沟通东西方文明，促进不同民族、不同文化相互交流和合作作出过重要贡献。东西方使节、商队、游客、学者、工匠川流不息，沿途各国互通有无、互学互鉴，共同推动了人类文明进步。"[1]

"不同种族、不同信仰、不同文化背景的国家完全可以

---

[1]　习近平.习近平谈治国理政 [M].北京: 外文出版社,2014,第 287 页。

共享和平、共同发展。这是古丝绸之路留给我们的宝贵启示。"[1] "为了使我们欧亚各国经济联系更加紧密、相互合作更加深入、发展空间更加广阔，我们可以用创新的合作模式，共同建设'丝绸之路经济带'。"[2]

推己及人，高瞻远瞩，引领时代，习近平主席在阿斯塔纳[3]通过哈萨克斯坦人民，首次向世界发出了让古老的丝路精神再次焕发青春和光彩的时代宣言。

2013年10月3日，习近平主席在印度尼西亚国会发表了题为《携手建设中国—东盟命运共同体》的演讲，首次向世界发出共建21世纪海上丝绸之路的倡议。

"东南亚地区自古以来就是'海上丝绸之路'的重要枢纽，中国愿同东盟国家加强海上合作，使用好中国政府设立的中国—东盟海上合作基金，发展好海洋合作伙伴关系，共同建设21世纪'海上丝绸之路'。"[4] "发挥各自优势，实现多元共生、包容共进，共同造福于本地区人民和世界各国人民。"[5]

这个倡议和9月7日的演讲异曲同工、遥相呼应、互为映衬，完整地提出了"丝绸之路经济带"和"21世纪海上丝

---

[1] 习近平.习近平谈治国理政[M].北京：外文出版社，2014，第288页。
[2] 习近平.习近平谈治国理政[M].北京：外文出版社，2014，第289页。
[3] 阿斯塔纳：哈萨克斯坦首都，2019年3月改名为努尔苏丹。
[4] 习近平.习近平谈治国理政[M].北京：外文出版社，2014，第293页。
[5] 习近平.习近平谈治国理政[M].北京：外文出版社，2014，第295页。

绸之路"的宏伟构想。

从广袤的亚欧腹地哈萨克斯坦到风光旖旎的印度尼西亚，习近平主席提出的"丝绸之路经济带"和"21世纪海上丝绸之路"吸引了世界各国的目光。从2013年9月至2016年8月，习近平主席出访37个国家（亚洲18国、欧洲9国、非洲3国、拉美4国、大洋洲3国），对"一带一路"倡议的总体框架和基本内涵做了充分阐述。和平合作、开放包容、互学互鉴、互利共赢的丝路精神，共商、共建、共享的治理理念，驱散了"去全球化"的阴霾，为增长乏力的世界经济注入新的动能。各国纷纷将本国经济发展与中国政府制定的《推动共建丝绸之路经济带和21世纪海上丝绸之路的愿景与行动》规划相对接。

"一带一路"倡导的政策沟通、设施联通、贸易畅通、资金融通、民心相通，正在以基础设施、经贸合作、产业投资、能源资源、金融支撑、人文交流、生态环保、海洋合作等为载体和依托，在全球掀起了投资兴业、互联互通、技术创新、产能合作的新势头。2016年中国牵头成立有57个成员国加入的亚洲基础设施投资银行（AIIB），截至2018年12月19日成员总数增至93个，在13个国家开展35个项目。孟加拉国配电系统升级扩容项目、印尼全国棚户区改造项目、巴基斯坦国家高速公路项目和塔吉克斯坦杜尚别至乌兹别克斯坦道路改造项目已经获得亚投行融资支持，共商共建共享成为现实。

　　"一带一路"倡议得到国际社会的积极响应。2016 年 11 月 17 日，第 71 届联合国大会 193 个成员国一致赞同，通过了第 A/71/9 号决议，欢迎"一带一路"倡议，敦促各方通过参与"一带一路"倡议，促进阿富汗及地区经济发展，呼吁国际社会为开展"一带一路"建设提供安全环境保障。2017 年 3 月 17 日，联合国安理会一致通过第 2344 号决议，呼吁国际社会凝聚援助阿富汗共识，通过"一带一路"建设等加强区域经济合作，敦促各方为"一带一路"建设提供安全环境保障。

　　2017 年 1 月，习近平主席在联合国日内瓦总部发表题为《共同构建人类命运共同体》的重要演讲，全面深入系统阐述人类命运共同体重大理念，为解决全球性挑战提出中国方案，在国际上引起热烈共鸣，受到各方普遍欢迎和高度评价。3 月 23 日，联合国人权理事会第 34 次会议通过关于"经济、社会、文化权利"和"粮食权"两个决议，决议明确表示支持"构建人类命运共同体"。这是人类命运共同体理念首次载入联合国人权理事会决议，标志着这一理念成为国际人权话语体系的重要组成部分。2017 年 5 月，北京喜迎来自"一带一路"相关国家的元首和政府首脑、国际组织负责人等各界代表上千人，出席"一带一路"国际合作高峰论坛，共商沿线各国之合作共赢大计。

　　"一带一路"不是中国的独角戏，是与亚、欧、非洲及世界各国共同奏响的交响乐。中国恪守联合国宪章宗旨和原则，坚持开放合作、和谐包容、政策沟通，培育政治互信，建立合作共识，协调发展战略，促进贸易便利化及多边合作体制机制。中国携手100多个国家和地区，依托国际大通道，以陆上沿线中心城市为支撑，以重点经贸产业园区为合作平台，共同打造的新亚欧大陆桥、中蒙俄、中国—中亚—西亚、中巴、孟中印缅、中国—中南半岛等国际经济合作走廊进展顺利，中欧班列在贸易畅通上动力强劲、风景亮丽；以海上重点港口为节点，共同建设通畅安全高效的运输通道，实现陆海联动，太平洋、印度洋、大西洋上巨轮往来频繁，互通有无。亚太经合组织、亚欧会议、大湄公河次区域合作的有关决议和文件，都体现了"一带一路"建设内容。丝路基金、开发性金融、供应链金融汇聚全球财富，建设绿色、健康、智慧、和平的丝绸之路，增进各国民众福祉。

"一带一路"是人类历史上前所未有的宏伟蓝图，也是横跨亚非欧连接世界各国的暖心红线。丝绸之路经济带包括中国经中亚、俄罗斯至欧洲（波罗的海），中国经中亚、西亚至波斯湾、地中海，中国至东南亚、南亚、印度洋；21世纪海上丝绸之路包括从中国沿海港口过南海到印度洋，再延伸至欧洲和南太平洋。一路驼铃声声、舟楫相望，互通有无、友好交往。

在新的时代，在创新古老丝路精神的伟大进程中，习近平主席专门缅怀丝路开拓者，特意致敬古丝路精神奠基人：

"我们的祖先在大漠戈壁上'驰命走驿，不绝于时月'，在汪洋大海中'云帆高张，昼夜星驰'，走在了古代世界各民族友好交往的前列。甘英、郑和、伊本·白图泰是我们熟悉的中阿交流友好使者。丝绸之路把中国的造纸术、火药、印刷术、指南针经阿拉伯地区传播到欧洲，又把阿拉伯的天文、历法、医药介绍到中国，在文明交流互鉴史上写下了重要篇章。

"千百年来，丝绸之路承载的和平合作、开放包容、互学互鉴、互利共赢精神薪火相传。"[1]

这种吃水不忘挖井人的情怀，再次展现了中华民族不忘历史、纪念先贤、展望未来的优秀文化基因，也为中国传记文学学会参加"一带一路"建设指明了方向和道路。

在古老的丝绸之路上，我们不曾相忘：张骞出使西域到过的世界上最大的内陆国家哈萨克斯坦、山高水长的好邻居巴基斯坦、横跨欧亚大陆的俄罗斯、草原之国蒙古、喜马拉雅浮世天堂尼泊尔、菩提恒河保佑之国印度、文化瑰宝伊朗、首创法典之国伊拉克、红海门户也门、石油王国沙特阿拉伯、波斯湾明珠巴林、雪松之国黎巴嫩、海湾之秀科威特、沙漠

[1] 习近平.弘扬丝路精神，深化中阿合作[N].人民日报，2014-06-06(01)。

之巅阿联酋、半岛明珠卡塔尔、霍尔木兹海峡守门人阿曼、万湖之国白俄罗斯、欧亚十字路口土耳其、流着奶和蜜之地以色列、欧洲粮仓乌克兰、亚平宁半岛上的文化巅峰意大利、欧洲屋脊瑞士、玫瑰之国保加利亚、与灵魂对话的思辨之国德意志、欧洲文化殿堂法兰西、欧洲客厅比利时、郁金香之国荷兰、热情如火的西班牙，还有绅士国度英国、北非金字塔之国埃及、非洲屋脊埃塞俄比亚、香草之都马达加斯加等等。

沿着海上丝绸之路，我们会领略橡胶王国马来西亚、花园国度新加坡、千岛之国菲律宾、赤道翡翠之国印度尼西亚；沿澜沧江一路南下，我们不曾相忘澜湄泽润之国越南、千佛之国泰国、微笑之国柬埔寨、万象之都老挝、印度洋上明珠之国斯里兰卡、印度洋上的明珠和钥匙毛里求斯、堆金积玉之国文莱、追求自由之国东帝汶、印度洋上的世外桃源马尔代夫、骑在羊背上的国家澳大利亚、上帝的后花园新西兰等等。

"一带一路"沿线国家里，那些千百年来影响了人类与社会发展、国家与民族命运，并与中国曾经有过交往的古今人物，至今还能在教科书、影视剧里看到他们，还能感受到他们在一代又一代年轻人身上所产生的影响和魅力。

当然，对于中国人来说，更为熟悉的是丝绸之路的开拓者。曾记否？丝绸之路开拓者中，有汉武帝和他的使节们，有首开大唐盛世的唐太宗及其臣民，有再续睦邻通商航海路的宋祖朝廷和无数先贤，还有金戈铁马风漫卷的元代人物，一统江山万里帆的明代人物，环球凉热自清浊的清代人物，东西碰撞溅火花的近代人物，还有经受风雨变迁、勇立海国之志的现代人物，更有丝路明珠敦煌莫高窟的守护者，卫国助邻的将军和通司中外的外交家们。当然，数风流人物，还看今朝，我们不能不浓墨重彩地讴歌那些智通商海，投身到新丝路建设中的当代人物。

耕云播雨，香火延续，智慧传承，历史再续！2100 多年的友好交往历史从未隔断，惠及三大洲的中西交流从未停歇，21 世纪的"中国梦"和"世界梦"汇成了人类命运共同体的时代和弦，响彻在"一带一路"辽阔的长空。也正因如此，在 2023 年的金秋时节，习近平主席同来自五洲四海的新老朋友相聚北京，共同出席第三届"一带一路"国际合作高峰论坛。世界的目光再次聚焦北京、聚焦中国。10 年来，在各方的共同努力下，共建"一带一路"从中国倡议走向国际实践，从理念转化为行动，从愿景转变为现实，从谋篇布局的"大写意"到精耕细作的"工笔画"，取得实打实、沉甸甸的成就，成为深受欢迎的国际公共产品和国际合作平台。"一带一路"合作从亚欧大陆延伸到非洲和拉美，150 多个国家、30 多个国际组织签署共建"一带一路"合作文件，举办 3 届"一带一路"

国际合作高峰论坛，成立了 20 多个专业领域多边合作平台。^[1]这是中华民族和世界历史上都应该铭记的大日子。

以人物传记写作为己任的中国传记文学学会，在"一带一路"倡议实施中，肩负"讲好'一带一路'民心相通好故事"的使命和责任，这也是国家赋予我们的根本职责和任务。在中国文学艺术界联合会的领导下，在中国社会科学院国家全球战略智库指导下，中国传记文学学会以赤诚的家国情怀、强烈的时代精神、为人物传记的责任担当，在认真调研、周密谋划、精心组织基础上，毅然决定倾注全力组织编写出版《"一带一路"列国人物传系》。此煌煌百卷传系讲述近千名各国人物故事，集数百位专家作家尽心挥毫，夜以继日，……幸得中国民营经济国际合作商会倾力赞助，又得中央文化企业当代世界出版社有限公司出版发行。于是，各位读者得以读到手中的这套活泼而不失厚重、有趣而不失学养的列国人物合传书卷。

孔子曰："仁者，人也。"让各国的先贤智者的思想光辉，照亮我们探索人类未来的道路。

传记明志，落笔为文，是为总序。

中国传记文学学会会长

《"一带一路"列国人物传系》编委会主任　王丽博士

2023 年 10 月 18 日

[1]　习近平.建设开放包容、互联互通、共同发展的世界[N].人民日报，2023-10-19(02)。

Introduction:
The Star–studded "Belt and Road"

On September 7, 2013, Chinese President Xi Jinping delivered a speech at Kazakhstan's Nazarbayev University, telling college students the ancient yet up to date stories of the Silk Road with well-versed wisdom.

"More than 2,100 years ago during the Han Dynasty, a Chinese envoy named Zhang Qian was twice sent to Central Asia on missions of peace and friendship. His journeys opened the door to friendly contacts between China and Central Asian countries, and started the Silk Road linking east and west, Asia and Europe.

"Shaanxi, my home province, is right at the starting point of the ancient Silk Road. Today, as I stand here and look back at that history, I seem to hear the camel bells echoing in the mountains and see the wisp of smoke rising from the desert, and this gives me a specially good feeling.

"Kazakhstan, located on the ancient Silk Road, has made an important contribution to the exchanges between the Eastern and Western civilizations and the interactions and cooperation between various nations and cultures. This land has borne witness to a steady stream of envoys, caravans, travelers, scholars and artisans traveling between the East and the West. The exchanges and mutual learning thus jointly promoted the progress of human civilization." [1]

"Countries of different races, beliefs and cultural backgrounds are fully able to share peace and development. This is the valuable inspiration we have drawn from the ancient Silk Road." [2] "To forge closer economic ties, deepen cooperation and expand development space in the Eurasian region, we should take an innovative approach and jointly build an economic belt along the Silk Road." [3]

With caring, vision and leadership, through the people of Kazakhstan in Astana[4], President Xi Jinping, for the first time, has made a declaration to the world that will rejuvenate the spirit of the ancient Silk Road.

On October 3, 2013, President Xi Jinping gave a speech titled "Work together to build a China-ASEAN community with a shared future" at the people's Representative Council of Indonesia, proposing to the world to build a 21st Century Maritime Silk Road.

"Southeast Asia has since ancient times been an important hub along the ancient Maritime Silk Road. China will strengthen maritime cooperation with the ASEAN countries, and the China-ASEAN Maritime Cooperation Fund set up by the Chinese government should be used to develop maritime partnership in a joint effort to build the 'Maritime Silk Road' of the 21st century." [5] "The two sides need to give full rein to our

[1]   Xi Jinping. *Xi Jinping: The Governance of China*. Beijing: Foreign Languages Press, 2014, p.287.

[2]   Ibid., p. 288.

[3]   Ibid., p. 289.

[4]   Astana: The former capital of Kazakhstan, which was renamed Nur Sultan in March 2019.

[5]   Ibid., p. 293.

respective strengths to enhance diversity, harmony, inclusiveness and common progress in our region for the benefit of both our people and the people outside the region." [1]

This initiative and the speech on September 7 both express the same idea and echo with each other, completing a grand vision of the "Silk Road Economic Belt" and the "21st Century Maritime Silk Road".

From Kazakhstan in the vast Eurasian hinterland to the beautiful scenery of Indonesia, President Xi Jinping's proposed "Silk Road Economic Belt" and "21st Century Maritime Silk Road" have attracted the attention of countries all over the world. From September 2013 to August 2016, President Xi visited 37 countries (18 in Asia, 9 in Europe, 3 in Africa, 4 in Latin America and 3 in Oceania), and fully elaborated on the overall framework and basic connotation of the "Belt and Road" initiative. The Silk Road spirit of peace and cooperation, openness and inclusiveness, mutual learning, and mutual benefit, combined with the idea that projects should be jointly built through consultation to meet the interests of all, dispels the haze of "de-globalization" and injects new kinetic energy into the sluggish growth of the world economy. Many countries have linked up their own economic development to the "Vision and proposed actions outlined on jointly building Silk Road Economic Belt and 21st Century Maritime Silk Road" proposed by the Chinese government.

The "Belt and Road" initiative advocates policy coordination, facilities connectivity, unimpeded trade, financial integration, and people-to-people bond. With the emphasis on infrastructure build-up, economic and trade cooperation, industrial investment, energy resources development,

[1] Ibid., p. 295.

financial support, people-to-people exchanges, ecological environmental protection, and marine cooperation, the initiative has set off a new momentum in investment, trade activity, technological innovation, and production capacity cooperation in the world. In 2016, China led the establishment of the Asian Infrastructure Investment Bank (AIIB), which was joined by 57 member states. As of Dec 19, 2018, the total number of members increased to 93, and 35 projects had been carried out in 13 countries. The Bangladesh Power Distribution System Upgrade Expansion Project, the Indonesia National Shanty Town Transformation Project, the Pakistan National Highway Project and the Tajikistan Dushanbe-Uzbekistan Border Road Improvement Project have received financial support from the AIIB. The idea of joint project implementation through consultation to meet the interests of all has since turned into reality.

The "Belt and Road" initiative has drawn strong and positive feedback from the international community. On November 17, 2016, the 71st session of the 193 members of the United Nations General Assembly unanimously endorsed the adoption of resolution A/71/9 to welcome the "Belt and Road" proposal, encouraging all of its member states to boost economic development of Afghanistan and the region through participation in the proposed project. In addition, it called on the international community to provide a safe and secure environment for the implementation of the initiative. On March 17, 2017, the United Nations Security Council unanimously adopted resolution NO. 2344, and called on the international community to rally assistance to Afghanistan, and strengthen regional economic cooperation through the "Belt and Road" strategy, etc. It also urged all parties to provide a safe and secured environment for carring out the program.

In January 2017, President Xi Jinping delivered a keynote speech at the United Nations Office at Geneva titled "Work Together to Build a Community of Shared Future for Mankind", comprehensively and systematically elucidated the fundamental idea of a community with a shared future for mankind, and proposed Chinese Solutions to global problems, which echoed enthusiastically in the international community and was widely welcomed and highly applauded by many countries, organizations and political parties. At its 34th meeting, on March 23, the United Nations Human Rights Council adopted two resolutions on "economic, social and cultural rights" and "the right to food", which clearly stated the need to "build a community with a shared future for mankind". This is the first time the concept of a community with a shared future for mankind has been incorporated into a UN Human Rights Council resolution, and it has become an important part of the international human rights discourse system. In May 2017, Beijing played host to the First "Belt and Road" Forum for International Cooperation, attended by over a thousand delegates from countries involved in the "Belt and Road" initiative, including heads of state and governments, leaders of international organizations, and so on. They endeavored to enhance cooperation and stimulate development.

The "Belt and Road" is not a solo play by China only, but a symphony played in concert with Asia, Europe, Africa and countries around the world. China abides by the purposes and principles of the UN Charter, advocates openness and cooperation, espouses harmony and inclusiveness, supports policy coordination, fosters political mutual trust, builds consensus on cooperation, coordinates development strategies and promotes trade facilitation and the institutional mechanisms of multilateral cooperation. China has joined hands with more than 100 countries and regions to co-create a new Eurasian continental bridge. This has been accomplished by taking advantage of international transport routes that are supportive of the central cities along the "Belt and Road", and building key economic and trade industrial parks as a platform for cooperation. China-Mongolia-Russia, China-Central Asia-West Asia, China-Pakistan, Bangladesh-China-India-Myanmar, China-Indochina Peninsula and other international economic cooperation corridors are progressing smoothly. China Railway Express accentuates trade and shipping overland between China and Europe with a bright future. Meanwhile, key sea ports also serve as the nodes to jointly build a smooth, safe and efficient transportation network, and hence enables a close connection between land and sea routes. Together with the overland cargo train transportation, the frequent cargo ships sailing on the Pacific, Indian and Atlantic Oceans poses an amazing picture. In summary, the relevant resolutions and documents of the Asia-Pacific Economic Cooperation, the Asia-Europe Meeting, and the Greater Mekong Subregion Economic Cooperation program all embody the "Belt and Road" initiative. By bringing together the world's wealth, Silk Road Fund, development finance, and supply chain finance strive to build a green, healthy, intelligent and peaceful Silk Road, and enhance the well-being of people around the globe.

The "Belt and Road" is a grand blueprint that has never been seen in human history. It is also a warm heart line that connects Asia, Africa and Europe to countries around the world. The Silk Road Economic Belt includes China via Central Asia, Russia to Europe (Baltic Sea), China via Central Asia, West Asia to the Persian Gulf, the Mediterranean Sea, China to Southeast Asia, South Asia, and the Indian Ocean; the 21st Century Maritime Silk Road includes from China's coastal ports to the

South China Sea as well as the Indian Ocean that extends to Europe and the South Pacific. Friendly exchanges among countries are just a camel-ride and a boat trip away from each other.

In this new era and the great course of renovating the spirit of the ancient Silk Road, President Xi Jinping dedicated to cherish the pioneers of the Silk Road and particularly pay tribute to the founders of the spirit of the ancient Silk Road:

"In ancient times, our ancestors struggled through deserts and sailed in boundless seas to transport Chinese products to countries overseas, taking a lead in international friendly contact. Along that path, Kan Ying, Zheng He and Ibn Battuta were all known as envoys of this China-Arab friendship. Through the Silk Road, Chinese inventions like paper-making, gunpowder, printing and the magnetic compass were spread to Europe, and Arabic conceptions like astronomy, the calendar and medicine were introduced to China.

"For hundreds of years, the spirit that the Silk Road bears, namely, peace and cooperation, openness and inclusiveness, mutual learning, mutual benefits and win-win results, has lived on through generations." [1]

There is a Chinese saying that when you drink the water, think of those who dug the well. The implication that the Chinese people never forget history is clearly demonstrated in our excellent cultural tradition of commemorating the sages and at the same time looking forward to the future. It also points out the direction and path for the Chinese Biographical Literature Society to participate in the "Belt and Road" initiative.

---

[1]   Xi Jinping. "Promoting the Silk Road Spirit and Deepening China-Arab Cooperation." People's Daily, June 6, 2014, p. 1.

On the ancient Silk Road, we have never forgotten Zhang Qian's diplomatic missions to the western regions in Han Dynasty that include Kazakhstan, the good neighbor Pakistan with high mountains and beautiful rivers, acrossing Eurasia country Russia, grassland country Mongolia, Himalaya floating paradise Nepal, Bodhi Ganges blessed country India, cultural treasure Iran, the first Codex System member country Iraq, Red Sea gateway Yemen, oil kingdom Saudi Arabia, the Persian Gulf pearl Bahrain, cedar country Lebanon, Gulf Star Kuwait, desert peak UAE, the Peninsula pearl Qatar, and Oman—the gatekeeper of Hormuz Strait, thousand-lake country Belarus, Turkey at the Eurasian crossroads, Israel—a land flowing with milk and honey, Ukraine of European granary, Italy—the cultural pinnacle of Apennines, Switzerland on the top of Europe, rose country Bulgaria, and Germany, a nation famous for great thinkers, France, the center of the European culture, the welcoming and comfortable Belgium, tulip country Netherlands, the warm and sunny Spain, as well as the elegant Britons, pyramid country Egypt in North Africa, Ethiopia on the roof of Africa, the Vanilla Capital country Madagascar, and so on.

Along the Maritime Silk Road, we will come across Malaysia, the country of rubber, garden country Singapore, the Thousand Islands country Philippine, and Indonesia, an emerald on the equator line. Down the Lancang-Mekong River all the way south, we will experience Vietnam whose land moistened by the Lancang-Mekong River, Thailand, the country of thousand Buddhas, the smiling country of Khmer Cambodia, and Laos, the "Land of a Million Elephants". On the Indian Ocean, we will also see the ocean pearl Sri Lanka, the ocean star and key Mauritius, the rich and abundant Brunei, the freedom seeker East Timor, the idyllic Maldives, and Australia, a country on the back of the sheep,

New Zealand, the back garden of God, and so on.

In the countries along the Belt and Road, those ancient and modern figures who have influenced human and social development, the destiny of countries and nations for thousands of years, and have had dealings with China are still seen in today's textbooks, movies and television dramas. Their influence and charm are still felt by generations of young people.

Certainly, for the Chinese people, we are more familiar with the pioneers of the Silk Road. Have we ever remembered? Among the trail blazers of the Silk Road were Emperor Wu of Han Dynasty and his envoys, Emperor Li Shimin, the co-founder of the Tang Dynasty that epitomized a golden age and his subjects, the Song imperial court and numerous sages who continued good-neighbor practice and friendly maritime navigation, as well as the Yuan Dynasty warriors who led armored cavalry with shining spears, the Ming Dynasty figures who unified the country, and the Qing Dynasty characters who maintained a clear mind during global turmoil, as well as the modern individuals who, by learning from both the west and the east in a time of rapid change, had the courage to build a sea power nation. There were also the guardians of Dunhuang Mogao Grottoes known as the Silk Road Pearl, the generals who safeguarded the country and helped the neighbors, and the diplomats who convey information and messages between China and foreign countries. Without a doubt, it is our current era that features true heroes. We can not praise highly enough the contemporary people who have been plunging themselves into the development of the new Silk Road.

Hard work pays off, family line continues, wisdom passes on, and history pushes forward! The history of friendly exchanges for more than 2,100 years has never ceased, and traffic between China and the West, which benefits the three continents, has been nonstop. The

"Chinese Dream" and "World Dream" in the 21st century have become the chord of our time for humanity's shared future, resounding on the "Belt and Road". For this very reason, in the autumn of 2023, President Xi Jinping, along with friends both old and new from across the globe, gathered in Beijing to attend the Third Belt and Road International Cooperation Summit Forum. Representatives from different countries and international organizations joined the event as invested guests, once again drawing the world's attention towards Beijing and China. Over the past decade, through the concerted efforts of all involved, the "Belt and Road" initiative has evolved from a Chinese proposal to international practice, from a mere idea into tangible action, from a vision to reality. It has progressed from "sketching the outline" to "filling in the details", yielding concrete and substantial outcomes. It has been welcomed by the international community as a public good and a cooperation platform. "Belt and Road" cooperation has extended from the Eurasian continent to Africa and Latin America, with more than 150 countries and over 30 international organizations signing "Belt and Road" cooperation documents. Three sessions of the "Belt and Road" Forum for International Cooperation have been successfully convened, and more than 20 specialized multilateral cooperation platforms have been established under the "Belt and Road" initiative.[1] This marks an occasion of profound significance, one that merits a place in the annals of both Chinese and world history. This is a big day that should be remembered in the history of the Chinese nation and the world.

In the implementation of the "Belt and Road" initiative, the Chinese Biographical Literature Society that devotes to biography writing, takes as

[1]   Xi Jinping. "Building an Open, Inclusive and Interconnected World for Common Development." People's Daily, October 19, 2023, p. 2.

its the mission "telling the good stories" of the "Belt and Road", which is also the responsibility entrusted to us by the state. Under the leadership of the China Federation of Literary and Art Circles and the guidance of the National Global Strategic Think Tank of the Chinese Academy of Social Sciences, the Chinese Biographical Literature Society, with its love for the family and the nation, a keen spirit of the age and the responsibility of writing decent biographies, by careful research, thorough planning and thoughtful organization, made an unwavering decision to devote itself to organizing and publishing *The Legend of the People along the "Belt and Road" nations*. These brilliant volumes of biographies tell the stories of nearly a thousand national characters, involving laborious work from hundreds of expert writers who had been writing day and night over last year. Our gratitude extends to China International Chamber of Commerce for the Private Sector for their sponsorship, and The Contemporary World Publishing House Co., Ltd., a central state cultural enterprise, for the publication distribution. Thanks to their generosity and effort, readers now have the opportunity to read the vivid yet serious and interesting yet enlightened biographies of outstanding people from many nations.

Confucius said, "Benevolence is the characteristic element of humanity." Let the brilliant ideas of the wise men of all nations light up our path to explore the future of mankind.

The biographies are written for high ideals. Herein is the introduction.

President of the Chinese Biographical Literature Society

Director of the Editorial Board of

The Legend of the People along the "Belt and Road" nations

Dr. Wang Li

October 18, 2023

目 录

Contents

引　言

尼泊尔，全名为尼泊尔联邦民主共和国（Federal Democratic Republic of Nepal），位于喜马拉雅山脉中段南麓，北部与中国毗邻，东部、西部、南部与印度接壤，面积约14.7万平方千米，总人口约3059万（2023年）。

尼泊尔是一个典型的高山之国，其北部为高山区，6000米以上的山峰多达240座。包括珠穆朗玛峰在内，世界十大高峰有八座位于尼泊尔境内或尼泊尔与其他国家边境处。

尼泊尔曾是一个军事强国。中国近代著名思想家魏源曾说（英国）"所惮我之属国四：曰廓尔喀，曰缅甸，曰暹罗，曰安南"[1]。这里的"廓尔喀"（Gurkha），指的就是尼泊尔。

---

[1] 刘东主编.近代名人文库精萃：林则徐　魏源 [M].西安：太白文艺出版社，2012，第116页。

01
国旗与国徽

尼泊尔国旗是世界上唯一的非矩形国旗，由上小下大、上下相叠的两个三角形组成，旗面为红色，旗边为蓝色。红色是其国花红杜鹃的颜色，蓝色代表和平。上面的三角形旗中是一个弯月抱星的图案，代表皇室；下面三角形旗中的白色太阳图案来自19世纪中期至20世纪中期地位显赫的拉纳家族的标志。太阳和月亮图案寓意着尼泊尔人民期盼国家与日月同辉；两个旗角表示喜马拉雅山脉的两个山峰。

尼泊尔政府曾于2006年修改国徽样式，批准使用象征团结包容、男女平等精神的新国徽。国徽中部底图是世界最高的珠穆朗玛峰，峰顶飘着尼泊尔国旗，峰底依次是丘陵和平原。 浮在地貌底图之上的是白色尼泊尔地图和男女握手图样。在整个图案的外围，左右两边环绕着尼泊尔国花杜鹃，花束下方是稻穗图案。底部基座是弧形的红绶带，上面用梵语写着"母亲与祖国重于上天"。

02
资源与经济

尼泊尔资源丰富。有铜、铁、铝、锌、磷、钴、石英、硫黄、褐煤、云母、大理石、石灰石、菱镁矿、木材等，目前均只得到少量开采。此外，尼泊尔的水力资源也非常丰富，水电蕴藏量为世界水电蕴藏量的 2.3%。

尼泊尔虽然有先天的资源优势，但工业基础薄弱，规模较小，机械化水平低，发展缓慢。主要工业领域有制糖、纺织、皮革制鞋、食品加工、香烟、火柴、黄麻加工、砖瓦生产和塑料制品等。

农业是尼泊尔的经济命脉和第一大产业。约 70% 的人口从事农业生产，耕地面积约 325.1 公顷，主要农作物有水稻、玉米、小麦、小米、甘蔗、油菜籽、柑橘、烟草、茶叶等。

尼泊尔对外贸易长期不平衡，贸易赤字大。据尼泊尔海关部门公布的贸易统计数据显示，尼泊尔 2022—2023 财年贸易赤字为 1.45 万亿卢比，较上一年财年下降了 15.45%；进口额 1.61 万亿卢比，下降了 16.08%。尼泊尔的主要贸易伙伴有印度、中国等。主要出口产品为豆蔻、茶叶、人造丝与人造短纤维、羊毛地毯、成衣制品等。尼泊尔进口总额中，主要进口商品包括石油产品、钢铁制品、车辆及配件、机械设备及配件、电子电气设备、电信设备及配件等。

03
宗教与文化

尼泊尔有拉伊、林布、达芒、马嘉尔、古隆、夏尔巴、尼瓦尔、塔鲁等130多个民族，没有一个民族超过总人口半数。尼泊尔语为国语，英语、印地语也被广泛使用。

尼泊尔境内的蓝毗尼花园是佛经中所记载的佛祖释迦牟尼的诞生地，也是世界佛教徒的朝圣之地。如今的尼泊尔居民有86.2％信奉印度教，只有7.8％信奉佛教，另有3.8％信奉伊斯兰教，信奉其他宗教人口约占2.2％。

在尼泊尔，国王曾被视为印度教保护神毗湿奴的化身。在位于加德满都谷地的纳拉扬神庙内，供奉着印度教保护神毗湿奴的化身——纳拉扬。

由于印度教信仰者占绝大多数，所以人们见面时一般行合十礼，而不是行握手礼。如果去尼泊尔当地人家里登门拜访，进门前要脱鞋。

04
中尼关系源远流长

尼泊尔奉行平等、互利、相互尊重和不结盟的外交政策，主张在和平共处五项原则基础上同世界各国发展友好关系。

由于尼泊尔与中国是近邻，又因佛教的影响，两国的友好交往关系可谓是源远流长。

据传，约公元 406 年，东晋高僧法显访问了尼泊尔，这是有明确文献记载的最早的中尼交往。尼泊尔的高僧佛驮跋陀罗也在同一时期来到中国，与归来后的法显合作翻译了几部著名的佛经。佛驮跋陀罗的到访，对南朝佛教禅宗的传播有很大影响。公元 429 年，佛驮跋陀罗在建业（今中国江苏南京）去世。唐代，中尼交往更加频繁，最出名的是玄奘法师的事迹。其后，宋、元、明、清各代及中华民国时期，中尼交往都十分密切。

1955 年 8 月 1 日，尼泊尔与新中国建交。此后，尼泊尔国王、首相多次访华。中国国家领导人也多次访尼：周恩来总理曾于 1957 年 1 月和 1960 年 4 月两次访尼；邓小平副总理曾于 1978 年 2 月访尼；1984 年 3 月，国家主席李先念访尼；1989 年 11 月，国务院总理李鹏访尼；1993 年 11 月，全国政协主席李瑞环访尼；1996 年年底，国家主席江泽民访尼；

2001 年 5 月，国务院总理朱镕基访尼；2012 年 1 月，国务院总理温家宝访尼。

2015 年 3 月，中国国家主席习近平在博鳌亚洲论坛年会上会见了尼泊尔总统拉姆·巴兰·亚达夫，表示双方要加强合作，并欢迎尼方参与"一带一路"建设。尼泊尔总统亚达夫表示，尼方坚定支持"一带一路"倡议和亚投行建设；希望加强与中国合作，促进地区互联互通和经济发展。

这次会晤后的一个月，尼泊尔投资委员会于 2015 年 4 月 13 日宣布，中国三峡集团负责承建尼泊尔境内一座总价值达 16 亿美元的水电站项目，这也是当时各国在尼泊尔境内投资的价值最高的单笔项目。三峡集团现已在尼泊尔承建了三个项目，分别为上马蒂水电站项目、上垂树里线路项目、那苏瓦卡里水电站项目。

2016 年 12 月 30 日，中国承建的尼泊尔上马蒂水电站并网发电。该水电站开工于 2012 年 12 月，位于尼泊尔第二大城市博卡拉。电站装设两台 12.5 兆瓦的混流式机组，总装机容量 25 兆瓦，年发电量约 13309 万千瓦 / 小时。

交通互联互通是"一带一路"建设的基础支撑、重要保障。2017 年，中尼两国同意积极开展跨境铁路的项目勘察、设计、可行性研究和人才培训等合作，并争取尽快让这一设想变成现实。两国也将建设三个口岸，以更好发挥联通作用。

近年来，中国对尼泊尔投资呈现全方位的趋势，既包括基建、传统能源、电力、蔬菜种植、家具制作、酒店餐饮等传统产业，也包括电子通信、可再生能源等新兴产业。据尼泊尔政府统计，与世界各国相比，2022—2023年中国在尼泊尔投资额及项目数量均位列第一，成为尼泊尔第一大外资来源国。据中国商务部统计，2022年，中国对尼泊尔直接投资流量1.15亿美元；截至2022年年末，中国对尼泊尔直接投资存量4.35亿美元。

近年，尼泊尔和中国的交往更加密切。2017年5月，尼泊尔正式加入中国倡导的"一带一路"倡议。2018年6月，尼泊尔总理奥利正式访华；9月，尼泊尔副总理兼外长马哈拉（Mahara）来华出席第四届西藏旅游文化国际博览会，尼泊尔副总统南德·巴哈杜尔·普恩（Nanda Bahadur Pun）来华出席第十七届中国西部国际博览会；10月，尼泊尔副总理伊什瓦尔·博克瑞尔（Ishwar Pokhrel）来华出席第八届香山论坛并访华。2019年4月，尼泊尔总统比迪亚·德维·班达里（Bidhya Devi Bhandari）对华进行国事访问，并出席第二届"一带一路"国际合作高峰论坛和2019年北京世园会开幕式；10月，国家主席习近平对尼泊尔进行国事访问，两国领导人宣布将中尼关系提升为"面向发展与繁荣的世代友好的战略合作伙伴关系"。2020年4月，习近平主席应约同尼泊尔总统班达里就新冠肺炎疫情和中尼关系等通电话。2023 年 9 月，习近平主席于杭州西湖国宾馆会见来华出席第 19 届亚洲运动会开幕式并进行正式访问的尼泊尔总理普拉昌达。

尼泊尔历史上有许多具有重要影响的人物。普里特维·纳拉扬·沙阿是尼泊尔历史上的廓尔喀国第 10 代君主，于 1769 年基本实现了尼泊尔的统一；比姆森·塔帕在 19 世纪前期曾以首相兼摄政的身份掌管尼泊尔政权 31 年，推动了尼泊尔的近代化进程；忠格·巴哈杜尔·拉纳改进了国家行政司法制度，引领了一个时代；比兰德拉·比尔·比克拉姆·沙阿于 1972 年继承王位，他解除党禁，同意进行多党制的议会选举；贾南德拉·比尔·比克拉姆·沙阿是尼泊尔最后一位国王，2006 年他被议会剥夺各种实质性权力后，于 2008 年离开王宫，坦然过上了平民生活；吉里贾·普拉萨德·柯伊拉腊在 20 世纪末到 21 世纪初曾多次出任首相，在结束内战、启动和平进程、废除君主制、确立共和制等问题上，发挥过至关重要的作用；拉姆·巴兰·亚达夫于 2008 年当选尼泊尔共和国首位总统，他坚持民族和解，致力于建立包容性的国家民主体制；巴布拉姆·巴特拉伊曾担任尼泊尔共和国总理，在他的主持下，各主要政党达成一致协议，推动国家走向稳定；巴努巴克塔·阿查里亚是早期尼泊尔语文学杰出的代表，他推动了尼泊尔语的发展，通过语言将多个民族联结在一起；尼泊尔人丹增·诺尔盖和新西兰人埃德蒙·希拉里在人类历史上首次登上珠穆朗玛峰顶峰，创造了人类登山史上的伟大创举。

　　尼泊尔是喜马拉雅山下的神圣之地。这里有着美丽的风光，光辉灿烂的文化。国小乾坤大，尼泊尔的历史发展长河中，出现了许多像宝石一样熠熠闪光的人物。现在，让我们一起翻开本书，去领略他们辉煌壮丽的人生。

统一尼泊尔的国王

——普里特维·纳拉扬·沙阿

普里特维·纳拉扬·沙阿

统一尼泊尔的国王

尼泊尔国家的建立与发展离不开一个重要人物——普里特维·纳拉扬·沙阿（Prithvi Narayan Shah，1723—1775）。由于他的勇气与远见，人们才得以见到今天统一的尼泊尔。

普里特维·纳拉扬·沙阿，是廓尔喀王国第 9 代国王纳拉·布帕尔·沙阿（Nara Bhupal Shah）之子，1743 年继位为廓尔喀第 10 代国王。

当时的廓尔喀虽然号称王国，实际上只是尼泊尔境内 50 多个独立政权中的一个。统治加德满都的还是马拉王朝。普里特维继位后，立即着手开启统一进程，并在 1769 年建立了尼泊尔王国。

普里特维在整个历史进程中扮演了重要角色。廓尔喀的国王们长久以来一直渴望着统一，而普里特维有实力又有决心来实现这一愿望。

普里特维对处于敏感地缘位置的尼泊尔有着深刻的理解，在他去世前几个月写就的政治遗嘱中，他将自己的国家形容为夹在中印两块石头中间的一个芋头，至今仍被尼泊尔各派政治家普遍认同。

01

不惧失败的王子

在宗教文化的熏陶和王室的精心培育下，普里特维·纳拉扬·沙阿从小就具有成为卓越领导者的特质。纳拉扬（Narayan）是印度教三大神之一、守护神毗湿奴的化身，在普里特维的名字中用上"纳拉扬"这个名称，寓意他是神灵在人间的化身。普里特维统一尼泊尔后，下令在加德满都修建纳拉扬神庙。每逢因陀罗节，人们都要扮成毗湿奴的10个化身，在寺庙东边的平台上尽情舞蹈。

普里特维从小在王宫中长大，宫廷里的良好教育使他在青少年时代就显露出一个有作为的王子所应具有的热情和力量。

王宫里经常举行一些大型摔跤比赛，贵族们会把与王子年龄相仿的孩子送来参赛。在这个有着摔跤传统的国家，每一场比赛都有很多人观看，大家一起喝彩和欢呼，比较谁家的孩子力气更大、更勇敢。普里特维热爱摔跤，他喜欢战胜对手的那一刻，喜欢胜利的感觉。

有一次比赛，普里特维的对手是某位大臣的儿子，个头比他还要高不少，才十几岁便长得像二十多岁的小伙子，身材魁梧强壮，看起来就力气不小。相比起来，普里特维就显得瘦弱矮小了。果然，比赛开始没多久，普里特维就被对手举了起来，输掉了比赛。普里特维觉得受了奇耻大辱。以前的比赛中，他赢过太多人，偶尔一两次失败也没觉得有什么。但这一次，在这么多人面前，自己还未出手，就被对手轻易打倒，真是有辱自己的身份啊。普里特维默默地走出比赛现场，整整几天都心情抑郁，不怎么吃东西。

国王和王后闻讯后赶忙劝说儿子。王后心疼地握着普里特维的手说："我亲爱的孩子，你这是何苦呢？比赛输了是正常的事情，为什么这次输了就这么灰心丧气？如果你不喜欢这个比赛，我们以后都不比了，没有人敢强迫你。"普里特维抬头仰望着母亲说道："我并没有怪对手，我是在生自己的气。我是王储，以后要治理这个国家，但是我这么容易就被人打倒了，这让我觉得很羞愧。我喜欢摔跤，但却没有更加努力地锻炼。我请求派给我一个更厉害的摔跤教练。我想努力学习，在明年的比赛中，我一定要战胜他。"国王听到这些话很开心，认为自己的儿子勇敢、不怕失败，并非如自己和王后想象的那般脆弱和不堪一击，于是当场答应普里特维的请求，给他安排最好的教练，并允诺他可以于明年和同样的对手再战一次。

在接下来的一年时间里，这位十几岁的少年，每日早起训练，争取长出更多肌肉，让体格变得更强壮。他还叫来以前和他一起练习的对手们演练比赛。在不断地训练下，他逐渐能够轻而易举地战胜别人。普里特维是如此期待着第二年的摔跤比赛，甚至在梦里多次打倒那位对手。

在漫长的等待与努力的训练中，普里特维终于等到了比赛的那一天。很多人都以为，去年那场比赛让他颜面尽失，他不会再参加了。但是令人惊奇的是，他不仅来了，还指定了和去年一样的对手。所有人都觉得这场比赛会很激烈，普里特维一定是有备而来。再看看他的对手，在这一年里除了长出了一身肥膘以外，似乎没有什么长进，自信满满地认为靠自己的庞大身躯就能取得胜利。一年的训练让普里特维能快速地分辨出对方的优势和弱势。普里特维很快地找到了对手的弱点，并且利用自己苦练的战术发起猛烈的进攻。比赛结果很明显，普里特维将对手摞倒在地，他强健的体魄与对手形成了鲜明对比。人们从座位上站起来拍手叫好，场下一片掌声雷动。

勇敢面对险恶局势

普里特维自幼就对政事很感兴趣，时常在父亲批阅文件时在旁边安安静静地聆听、观察，后来慢慢地承担起了部分国家政事。在早期，他就有了一统尼泊尔多个政权的想法，尤其是当他的父亲失败以后，他更加坚定了这个计划。1743年，20岁的普里特维继承了病故的父王的位置，正式当上了廓尔喀沙阿王国第10代国王。

20岁的年纪，原本应当趁着年轻多享受青春，而普里特维似乎直接跳过了快乐轻松的阶段。他担起一国之君的重任，为了整个国家的事情日夜操劳和忧心。作为君主，他珍爱他的百姓，并且乐意聆听百姓的想法。他时常到处走动，和百姓亲切交谈。这些都使得他和百姓之间建立起了强有力的纽带关系，让他获得了百姓的拥护，并且深刻地了解了百姓需要的是什么。

普里特维面对挑战的并不仅仅来自廓尔喀王国，更大的挑战来自外部。从法统上说，廓尔喀是以加德满都为首都的马拉王朝的属国，马拉王朝又是莫卧儿帝国的属国。莫卧儿帝国是突厥化的蒙古人在印度建立的封建专制王朝，始建于1526年，在第三代皇帝统治时期进入全盛时期。到了第五代皇帝时，莫卧儿帝国空前强大。而在第六代皇帝时期，莫卧儿帝国领土面积达到最大。1707年第六代皇帝奥朗则布去世时，莫卧儿帝国已经开始衰落，逐渐四分五裂。内部群雄并起，外部势力也纷纷前来争权夺利。最终，英国人获胜，实际上控制了印度，莫卧儿皇帝成了英国人的傀儡。1858 年，莫卧儿王朝灭亡，印度正式成为英国的殖民地。

普里特维继位时，英国人正逐渐控制印度。如何处理与英国人的关系，是普里特维所面临的最大问题。当时，英国人正试图扶植马拉王朝，廓尔喀随时都可能沦为英国人的殖民地或半殖民地。

虽然英国的威胁最大，但普里特维当时直接面对的最现实的挑战来自马拉王朝。

马拉王朝最著名的一位国王是贾亚斯堤提·马拉（Jayasthiti Malla）。他是一位改革家，对尼泊尔当时的经济、社会、宗教等进行了改革。他在位时期大力发展经济，非常重视经贸活动，实行新的土地丈量法和新的度量衡单位，使尼泊尔经济逐步获得发展，国力不断壮大；大力推行印度教，修建了许多印度教神庙；尼泊尔人现在使用的文字就是在马拉王朝时期得到了统一。马拉国王为巩固王朝的统治做出了许多努力和贡献。

1482 年，亚克希亚·马拉（Yaksha Malla）国王去世后，他的几个儿子在加德满都谷地各据一方，自立为王，从此分裂出加德满都、帕坦和巴克塔普尔三个王国，被称为马拉王朝的"三国"时期。

从马拉王朝分裂出来的三个国家相互倾轧残杀，让本来就没有统一起来的尼泊尔更加支离破碎，尼泊尔地区的大小王国有 50 多个。除了加德满都和帕坦王国人口较多外，其他几个大国大约各有两万户人口，而剩下的小国家各有 600—8000 户不等的人口。在这些国家里面，即使是最富有的人，年收入也不过有限的几千卢比，人们被迫生活在贫穷和苦难中。国家之间经常发生冲突，每件小事都可能会引起矛盾。整个尼泊尔地区是脆弱的，一直处于内忧外患的危机之中。

面对英国殖民统治者的威胁和尼泊尔地区的一片混乱，年轻的普里特维想到的不是消极自保，而是积极进取，决心实现尼泊尔的真正统一。他意识到，如果尼泊尔不统一的话，那么所有的大小王国迟早会落入英国殖民势力的手中。

03

改革军事，致力统一

普里特维继位后马上开始扩张领土，率军在尼泊尔全境进行征战。但其首战即遭遇失利，在攻打由加德满都控制的努瓦阔特时，廓尔喀军一度惨败。但在 1744 年，普里特维攻下了位于加德满都和廓尔喀之间的努瓦阔特，从而为进攻加德满都打开了门户。普里特维以努瓦阔特为进攻的跳板，侵占了加德满都谷地周围的高地。

战争的胜利让普里特维斗志高扬，开始用傲慢的态度对待归附的邦国，导致多个邦国纷纷背叛，激起民间更多不满与愤慨。终于，在克里提普尔战役中，廓尔喀军被各小邦联军击败，其大将不幸战死，廓尔喀军损失惨重，普里特维不得不退回努瓦阔特。

普里特维经历了一系列挫折后，致力于改革军事体制，变征兵制为募兵制，建立了以募兵为主力、民兵为基础的兵制，采用英军的方式强化军事训练，还建立了穆斯凯特兵工厂，并到处搜罗大炮、步枪等新式武器。通过改革，廓尔喀部队成为一支英勇善战的部队，后以1.2万人击败了近3万英军，廓尔喀兵的战斗力和宁死不屈的勇猛精神得到了英国人的敬佩。

改革后的廓尔喀部队在统一战争中所向披靡，普里特维也吸取以往教训，在武力征服的同时，也在外交上"近交远攻"，与周边小国建立了联盟，以孤立加德满都。当时，与廓尔喀直接相邻的西部、西南部以及更遥远地方的政权意识到了廓尔喀王国的崛起带来的威胁，这些地方形成了抵抗普里特维的联盟。当这些国家组成联盟后，普里特维带领的部队遇到了很大的挑战。

然而，尼泊尔的统一步伐仍旧势不可当。

入主加德满都

　　加德满都坐落在喜马拉雅山南坡，气候宜人，终年阳光灿烂，绿树葱郁，鲜花盛开。

　　加德满都城始建于公元 723 年，18 世纪时已发展为尼泊尔最大的城市，今面积约 50 平方千米。

　　以加德满都为中心的加德满都谷地是尼泊尔的心脏。从李查维王朝开始，这里就一直是尼泊尔的政治、经济和文化中心。加德满都谷地除了加德满都城外，还有两个重要城市。一个是距加德满都仅一河之隔的帕坦，始建于公元 299 年，是尼泊尔最古老的城市之一，也是加德满都谷地的商业中心。另一个城市是加德满都以东 13 千米处的巴克塔普尔，始建于公元 889 年，是公元 13 世纪至 18 世纪时马拉王朝的都城。雄伟的马拉王朝宫殿，是全国著名的古迹之一。

　　加德满都、帕坦、巴克塔普尔事实上形成了一个城市群。显而易见，统一尼泊尔，夺取尼泊尔政权，最根本的就是要占据加德满都谷地。为此，普里特维重新拟定了先剪枝叶、迂回取胜、用"经济战"围困加德满都城的战略构想。

1756 年，普里特维出兵攻占了加德满都以北的库提山口，从而切断了加德满都和周边地区之间的商路，使加德满都失去了与外部的联系，渐渐变成一座孤城。他还对加德满都实行严格的禁运管理措施。此时坐困加德满都的国王贾亚·普拉卡什·马拉（Jaya Prakash Malla）对这一切感到万分惶恐，急忙向英属印度殖民政权求救。

普里维特的统一战争与禁运，损害了英国东印度公司的利益。故 1767 年，英国东印度公司决定派遣乔治·金洛克（George Kinloch）上尉率领远征军增援加德满都。但金洛克军忽视了山区地形和天气，缺少充分的准备，结果遇到了廓尔喀部队的袭击，英军猝不及防，仓皇溃逃。

挟战胜英军之威，普里特维于 1767 年 12 月攻占克里提普尔，这是普里特维第三次攻打克里提普尔。第一次是在 1752 年。那次，廓尔喀大将战死，部队损失惨重。1764 年，普里特维第二次攻打克里提普尔，结果再败。

1768 年，外援无望、屏障尽失的加德满都已是风声鹤唳。为安定民心，国王贾亚·普拉卡什下令照常庆祝 9 月的因陀罗节。普里特维趁机发动三路奇袭，马拉军不敌，后投降，贾亚·普拉卡什逃奔帕坦王国，廓喀尔军兵不血刃占领了加都。同年，普里特维迁都到加德满都，廓尔喀王国成为尼泊尔王国。沙阿王朝建立。

普里特维乘胜先后攻破帕坦和巴克塔普尔，接着征服了加德满都以东多个小邦国，初步奠定了尼泊尔的疆域基础。他精明好学，日夜筹谋，为了完成统一，克服了很多难以想象的困难。

首先，人口不足。当时廓尔喀是一个只有12000户家庭的国家，在尼泊尔境内50多个王国中也只算是一个中等国家。因此，普里特维虽然采取武力统一的方式，但也特别强调内部团结，努力实现各个种姓和睦相处，并严惩贪腐，以争取民心。

其次，财政和物资都很匮乏，道路交通也不便利。比起加德满都谷地王国，廓尔喀既没有充足的物质资源，也没有可靠的收入来源。虽然占领更多的土地会大大增强廓尔喀的资源储备和收入，然而，此时的廓尔喀已经因连年战争而经济困难。

最后，地势不利。加德满都谷地王国的多山地形对防守者是有利的，大大限制了进攻者的行动。通常，入侵者需要防守者三倍以上的兵力。

面对艰困的处境，普里特维夜不能寐。他考虑过是否还要带领着部队继续进攻下去，但每次都不愿放弃，只想完成一项很多人觉得没有希望的事。通过矢志不渝的努力与高超的作战方法，普里特维将不利因素转变成优势，取得了一次又一次看似不可能的胜利。

1769 年，普里特维建立了统一的尼泊尔王国。1775 年，普里特维去世。继任的国王则秉持其遗志，继续扩大尼泊尔王国疆域。

猎鹰一样的军事天才

——比姆森·塔帕

比姆森·塔帕（Bhimsen Thapa，1775—1839）是尼泊尔沙阿王朝时期的政治家、军事家，后于 1806 年至 1837 年担任尼泊尔首相。在长达 31 年的首相生涯中，他一直坚持抗击英国殖民主义者的入侵，维护国家的独立和稳定发展。

在尼泊尔首都加德满都，有一座著名的比姆森塔，它是尼泊尔主要地标之一，也是首都加德满都最高的建筑。这座瞭望塔又被称为"达哈尔塔"，是为了纪念尼泊尔反抗英国殖民统治于 1832 年修建的。当时这里作为发布号令之处，从塔顶吹号角以集合军队。比姆森去世后，尼泊尔人为纪念他而将其命名为"比姆森塔"。该塔后于地震中倒塌，之后又被重建。

比姆森·塔帕有着鹰一样敏锐犀利的政治头脑和杰出的军事成就。在尼泊尔百姓心目中，他的一生虽有过错，但不能抹杀他一心爱国救国的丰功伟绩。比姆森的改革，不单对尼泊尔当时抵御外敌产生重大影响，时至今日它的价值仍不可估量。

这样一位首相，他的下台却让人十分震惊——比姆森后来遭人陷害，最后在狱中因不堪受辱，选择以自杀的方式离开人世。

初出茅庐的少年

　　1775年，沙阿王朝建立后不久，在一个普通军人家庭里，比姆森降生了。他的父亲阿马尔·辛格·塔帕（Amar Singh Thapa）勇猛而忠诚，通过战功获得了一定的地位和功绩。11岁时，比姆森第一次来到王宫，参加印度教特有的教育圣礼。沙阿王朝第三代国王拉纳·巴哈杜尔·沙阿（Rana Bahadur Shah）当时也在队列中一同受礼，并一眼注意到了这个衣着朴素却眼神灼灼的男孩。小国王拉纳主动上前与比姆森交谈，年少的二人一见如故，相谈甚欢。后来比姆森与拉纳成了好朋友，拉纳有什么知心的话也会同比姆森讲。比姆森成了小国王最忠实的听众。他对于小国王的关心感激不尽，小国王有什么需求，他也总是倾尽所能地给予帮助。

首相兼摄政荣耀登台

　　拉纳·巴哈杜尔·沙阿继位时只有两岁，当时的尼泊尔王国由他的母亲拉金德拉·拉克希米·沙阿（Rajendra Laxmi Shah）摄政。后拉金德拉去世，又由他的王叔法特·巴哈杜尔·沙阿（Fatet Bahadur Shah）摄政。拉纳亲政后下令将其王叔下狱直至其去世，全国震惊。1799 年，饱受拉纳宠爱的王后患病，他心灰意冷，宣布让位给他和王后的儿子，即年仅一岁的吉尔班·尤达·比克拉姆·沙阿（Girvan Yuddha Bikram Shah），他和王后则前往外地休养。王后去世后，他失去理智，种种率性而为导致国内动乱，他被迫逃亡印度的瓦拉纳西（旧称贝拿勒斯）。一直想把尼泊尔占为殖民地的英国看到时机，便与实际上由权臣达莫达尔·潘德（Damodar Pande）控制的朝廷签订了协议，阻止拉纳回国。

在流亡印度的那段时间，比姆森逐渐从一个追随者成长为一个领导者，他的性格中果敢善谋的一面被激发出来。比姆森在精心策划救助拉纳的同时，也与东印度公司进行了较为频繁的接触。对于印度各土邦被英国殖民统治的具体情形，比姆森了然于胸。他不仅怜悯处于水深火热中的印度百姓，更担心对尼泊尔虎视眈眈的英国。最终，时刻追随拉纳左右的比姆森在势单力薄的情况下，依靠出色的智慧和缜密的谋划，突破英军的层层围追堵截，于 1804 年帮助拉纳回到加德满都重新执政。

回国后，比姆森开始训练军队。他常住在军营里，与士兵们一道每日刻苦训练。不仅如此,他还提议将部分贵族和寺院财产收归国有,此举遭到了贵族和宗教人士的强烈反对。拉纳的弟弟谢尔·巴哈杜尔·沙阿(Sher Bahadur Shah)对比姆森的权力不断膨胀十分不满。在 1806 年的一次朝会上,拉纳指责谢尔意图谋反,谢尔怒不可遏,当场就将拉纳刺死,自己也被杀死。新继位的第四代国王吉尔班·尤达·比克拉姆·沙阿(Girvan Yuddha Bikram Shah)不到 10 岁。前国王和其兄弟的死,让比姆森接过了辅佐朝政的托孤重臣之任,以首相兼摄政的身份开始了他的执政生涯。

"坚决不向殖民主义低头的人"

比姆森发现朝廷中有许多大臣结党营私。于是,他借助年幼国王对自己的信任,清除了朝廷中不安分的大臣,并且对贵族进行了整治。随后开始出兵收复未臣服的土邦。

比姆森的行动遭到了英国势力的阻挠。当时英国东印度公司的总督沃伦·黑斯廷斯(Warren Hastings)一心想占领尼泊尔最富饶的特莱平原地区,于是就在比姆森收复土邦的战争中暗暗支持那些不愿归属的土邦,并且从军事干涉开始发展成全面的对尼战争，尼英战争就此全面爆发。

1814年11月1日，黑斯廷斯总督正式向尼泊尔宣战，并调集两万多人的军队，分多路进攻尼泊尔。

从1814年10月31日到11月30日，双方的第一场战役围绕着廓尔喀西部重镇德拉顿（今印度北阿坎德邦首府）的卡朗加要塞展开。廓尔喀将领巴拉巴德拉·孔瓦尔·切特里（Balbhadra Kunwar Chhetri）手下人数稀少，只有600人，士兵主要使用冷兵器，全军只有一门加农炮。英军指挥官罗伯特·罗洛·吉莱斯皮（Robert Rollo Gillespie）少将亲自上阵，指挥3000多名英军向廓尔喀军队发起进攻。结果吉莱斯皮本人在战斗中当场死亡，英军被迫撤退。

等重炮运抵之后，英军再次发起猛烈的进攻。从11月25日到27日中午，英军向廓尔喀军队发射了近6吨炮弹，硬生生将要塞打出一个缺口，随后又发起总攻。但廓尔喀士兵手持弯刀，在肉搏战中拼死抵抗。这种状如狗腿的弯刀，刀背既厚且钝，但刀锋却异常锐利。其杀伤力令英军付出了巨大代价：伤亡478人，包括4名军官。最后，廓尔喀守军因兵力悬殊，大部分士兵战死，仅剩的70余人冒着猛烈炮火突围而去。廓尔喀士兵在战斗中表现出的英勇无畏令敌人产生了敬畏，英国人为之树立了一座纪念碑。碑文写道："敬献给我们英勇的敌人巴拉巴德拉和他的勇敢的廓尔喀朋友们。"

此后，英军吸取教训，加强山地作战训练。1815 年 4 月，英军向马龙要塞发动攻击，双方展开血战，结果在猛烈的炮火轰击下，尼军西部副统帅在激战中战死。之后，尼军西部统帅被迫撤军。

1816 年 3 月 4 日，尼泊尔政府和英国东印度公司正式签订了《萨高利条约》。尼泊尔人的英勇抗英在世界反殖民历史上具有重要的意义。

04

多项改革与悲惨结局

抗英战争过后，尼泊尔疫病流行，年仅 19 岁的国王吉尔班·尤达因不幸感染天花去世。双重灾难让这个曾经辉煌的国家像一匹受伤的狼一样倒了下去。

吉尔班·尤达去世后，仅三岁的拉金德拉·比克拉姆·沙阿（Rajendra Bikram Shah）继位，由他的继祖母拉利塔·特里普拉·孙达里（Lalita Tripura Sundari）和首相比姆森摄政。

面对前所未有的重大打击，比姆森日夜难寐。他在英尼战争中意识到，尼泊尔最大的缺点在于没有先进的武器装备。由于尼泊尔士兵缺乏武器，无法每人配备一支枪，且所配枪支不仅射程近，还容易走火；而当时英国所使用的枪支射程远，使用方便，可以保证每人一支枪，并且配备充足的子弹。在大炮方面，尼泊尔只有落后的土炮，声音大，射程近；英国东印度公司在大炮方面则拥有绝对优势。由于实力悬殊，尼泊尔在战争中失败也是注定的。因此，比姆森效仿英国进行了一系列改革。

首先，在军事方面，要加强军队训练，建立军火库、兵工厂，设立驻军点、兵营等。其次，在思想方面进行改革。尼泊尔的落后还在于思想的落后，严格的等级划分导致许多百姓缺少发展的机会，当时的封建保守思想也阻碍了百姓发展经济的动力。许多落后习俗不仅耗费大量资源，而且不利于科学的传播。于是比姆森试图废除奴隶制度和许多落后的习俗。如：统一市场管理，发展贸易，建立具有经济活力的新城市，削弱传统势力对城市建设的影响，建立法庭，对全国的行政区进行重新划分等等。

1837 年，国王拉金德拉在野心家拉纳·忠格·潘德（Rana Jang Pande）的鼓动下废除了比姆森的首相职位。1839 年，拉纳·忠格下令逮捕比姆森下狱，并散播谣言，对他百般侮辱。不堪其辱的比姆森在狱中自杀。

一位伟大的爱国主义者就这样结束了自己的一生。

拉纳·忠格倒台后，拉金德拉国王为比姆森恢复了名誉。后世的国王又将比姆森追彰为尼泊尔国家英雄。

抚今追昔，对于给尼泊尔带来 30 余年政治稳定，率领尼泊尔人英勇抗英的政治家、军事家比姆森，尼泊尔人充满怀念。

为了纪念比姆森，尼泊尔人把 1832 年比姆森下令修建的达哈尔塔命名为比姆森塔。

拉纳政权的开创者

——忠格·巴哈杜尔·拉纳

忠格·巴嘹杜尔·拉纳

拉纳政权的开创者

忠格·巴哈杜尔·拉纳（Jung Bahadur Rana，1817—1877），尼泊尔首相，是统治尼泊尔100余年的拉纳政权的建立者。

拉纳家族是在保留沙阿王朝形式下实际统治尼泊尔王国的一个世袭家族，统治时间从1846年到1951年。在建立拉纳家族统治的过程中，忠格·巴哈杜尔·拉纳在制度、经济、军事等方面进行了大刀阔斧的改革，引进了新式的官僚制度和司法制度。当然，这些举措的影响是多方面的，后人对此的评价不尽相同。

01

出身贵胄，亲历沧桑

忠格·巴哈杜尔·拉纳，1817年6月18日出生于尼泊尔首都加德满都的拉纳家族。他的母亲是尼泊尔大将纳因·辛格·塔帕（Nain Singh Thapa）的女儿。深厚的家庭背景，以及其家庭与王室和门阀大族之间错综复杂、千丝万缕的关系，使得忠格·巴哈杜尔年轻时就有机会进入皇家宫廷。从少年时期开始，他就已经熟悉王室，这为他参与政治活动积累了见识和经验。

显赫的家庭背景和优渥的家庭环境给忠格·巴哈杜尔带来了接受良好教育的机会，但是他也亲历了豪门大族之间血腥黑暗的争权夺利以及相互倾轧。

沙阿王朝命途多舛，自第二代国王普拉塔普·辛格·沙阿（Pratap Singh Shah）26 岁英年早逝后，其后的几代国王都是幼年继位，尼泊尔政权先后由王叔巴哈杜尔和首相比姆森掌管。这种局面不可避免地带来另一种现象，即幼主成年后与摄政者产生矛盾和冲突。这种几乎成为模式的宫斗在尼泊尔历史上反复上演。

首相比姆森辅佐的幼主吉尔班·尤达在 1816 年未满 20 岁时不幸感染天花去世，这让比姆森避免了一次与幼主成年后发生冲突的危险。但他辅佐的下一位幼主，即两岁时继位的拉金德拉成年后，他也无法逃脱与君主发生矛盾的命运。1837 年，比姆森被撤职并第一次下狱。1839 年，已经没有权力的比姆森再次下狱并被迫自杀。

比姆森受排挤、受打击、受迫害时，他的塔帕家族也逐渐失势。由于母亲与塔帕家族关系密切，忠格·巴哈杜尔也被牵连影响，失去了军职和财产，前往印度寻找工作谋生，一段时间后又回到了尼泊尔。

发动政变，夺取政权

1840 年，忠格·巴哈杜尔回到尼泊尔，被任命为炮兵上尉。1841 年 11 月，他被邀请加入国王护卫队，并于 1842 年 1 月开始在王宫工作。

塔帕家族在王室的斗争中经历了几起几落，1843 年 11 月至 1845 年 5 月，塔帕家族的马特巴尔·辛格·塔帕（Mathabar Singh Thapa）——忠格·巴哈杜尔的舅舅，出任尼泊尔首相。

当他的舅舅掌权时，在国王护卫队默默耕耘了数年的忠格·巴哈杜尔终于不再沉默，仰仗舅舅的权势，忠格多年的野心迅速膨胀。那种极度膨胀的野心使得忠格·巴哈杜尔在不经意间流露出对于权势的觊觎，也让其舅舅感觉到了威胁。舅舅不喜欢忠格·巴哈杜尔的野心，于是把他移到了不太重要的职位，希望这样的举措能够对他有所遏制，让他产生一定的压力，有所收敛。然而，忠格·巴哈杜尔根本不去领会舅舅的意思，依然一意孤行。通过种种努力，忠格·巴哈杜尔在政府中的职位也不断攀升。他随时准备着，等待适当的时机大显身手。

新一轮权力争斗也逐步开展。

国王拉金德拉深爱的妻子——王后拉吉亚·拉克希米·德维（Rajya Lakshmi Devi）对马特巴尔·辛格这位首相并不满意。1845年5月，她与国王以及权臣共谋，解除了马特巴尔·辛格的首相职务，后又与忠格·巴哈杜尔共同谋划，杀害了他；9月，她又让其他王室成员出任首相，并期望能让她的儿子继承王位。

1846年，王后亲近的侍从加甘·辛格（Gagan Singh）被人暗杀。王后一怒之下，将全国的文武百官召集到王宫里，关起宫门，大开杀戒。忠格·巴哈杜尔乘机排除异己，掌握了军政大权。

忠格·巴哈杜尔当权后，拒绝帮助王后扶持其子上位。王后又策划谋杀他。忠格·巴哈杜尔阻止了王后的阴谋，并在一次会议上揭露王后的所作所为，王后因此被驱逐、流放，国王和两个王子也随同前往。

1847年，忠格·巴哈杜尔宣布，被流放的拉金德拉国王有叛国活动，立即退位，并将其子苏伦德拉·比克拉姆·沙阿（Surendra Bikram Shah）推上王位。退位的国王拉金德拉同年年底被捕获，被当作俘虏带回尼泊尔，度过了被软禁的屈辱余生。从此之后，尼泊尔的好几任国王都是作为拉纳家族掌控国家政权的傀儡而存在着。

对外亲英，对内立法

英国人一直关注尼泊尔的局势，并持续寻找英国在尼泊尔的代理人。拉纳家族政权建立后，忠格·巴哈杜尔对英国采取了前所未有的行动。他于1850年前往英国、法国访问；后于1851年返回加德满都。但这次访问的目的，还是希望解决与英国政府之间的一些外交问题。这次访问虽然没有达到预期目的，但大大加深了英国和尼泊尔之间的友好往来和交流互信。

在访英期间，忠格·巴哈杜尔获得维多利亚女王的接见。通过实地考察，忠格·巴哈杜尔意识到工业化对于一个国家或地区在经济以及政治方面的巨大推力，认为与英国的密切合作是推动尼泊尔走向独立的最好办法。

为了能够更好地推进本国的发展进程，忠格·巴哈杜尔也进行了一些法律体系方面的改革与完善。

作为其推动尼泊尔发展计划的一部分，忠格·巴哈杜尔委托相关人员对国家的法律制度进行编撰和修改，使之成为更加完善的法律体系。虽然这个进程早已开始，但是一直未能实施。最终在 1854 年,《穆鲁吉艾恩民法大典》(The Muluki Ain of 1854) 作为尼泊尔的新法典宣告问世。这套法律体系对各种法律行为和法律关系进行了更加详尽的解释和规定。例如,解释了一系列内容庞杂的具体民事和刑事事项、税收的相关规定和安排、婚姻和家庭法的行政程序和法律框架等。

旧的法律制度存在很多不合理且残酷的行刑方式。这些酷刑给民众心理蒙上了一层沉重的阴影,不利于统治者树立亲民形象。《穆鲁吉艾恩民法大典》对这些酷刑进行了严格限制,虽然没有废除所有酷刑,但针对很多违法犯罪行为有了明确的法律条款,在一定程度上做到了有法可依。相比于实施酷刑,新法规定可以采用包括没收财产或监禁等手段来替代残酷的刑罚。

新法所添加的种种新内容,从侧面反映出当时尼泊尔社会的一些新气象。整肃旧的社会风气,从而塑造国家和社会的新风貌,这样的变革可谓是刻不容缓。

佛教的转世轮回观认为,人死后灵魂不灭,会继续存在。受此影响,当时尼泊尔贵族阶层的殉葬之风盛行。在新的法律制度下,忠格·巴哈杜尔打算废除流传已久却并不人道的寡妇殉葬制度。但他死后,他的三个妻子还是选择跳进了火葬堆。由此可见,民众观念的转变也并非一朝一夕之力。

全面掌权，世袭百年

忠格·巴哈杜尔访问欧洲之后，加紧步伐，继续采取一系列的措施来加强他对尼泊尔的控制。

1856年，经过忠格·巴哈杜尔的一番酝酿以及种种"授意"，国王颁布了诏令，自此正式确定了忠格·巴哈杜尔·拉纳家族在整个尼泊尔的主导地位。这份关键文件中有三个主要规定。

首先，对几乎所有的行政事务（包括民事、军事、司法以及外交活动，也包括决定战争与和平的权力），首相具有绝对权威。这一项规定从根本上彻底架空了国王的权力，也保证了拉纳家族各项权力在行使过程中的顺畅无阻。自此，沙阿家族的王室成了一副光鲜亮丽的空架子，尼泊尔宫廷上下都清清楚楚地知道拉纳家族才是这个国家真正的主人。

其次，忠格·巴哈杜尔是卡斯基和拉姆宗地区具有最高行政权力的人，是它们实际上的统治者。这项规定的推行，使忠格·巴哈杜尔在国内的行政权力更加扩张，甚至有了自己的专属领地。他可以在自己的领地之内建立经济、军事改

革试点，更好地提升自己的战备实力以及培植自己的政治
势力。

最后，该项王家法令为首相职位的世袭设立了专门条款，
规定首相职位由拉纳家族采用兄弟相承的方式进行世袭，也
就是先兄后弟，然后他们的儿子按照资历担任世袭首相。他
认为只有成年人才能保持国家的稳定，因此他设立了这种继
承制度。这些规定意味着拉纳家族的独裁，从此管理国家的
实权在拉纳家族中传承下来。

此外，忠格·巴哈杜尔通过安排他的继承人和王室成
员之间进行政治联姻，使沙阿王朝成为封闭性权力圈。1854
年，他的长子与国王的长女结婚。1855 年，他的第二个儿子
娶了国王的第二个女儿。后来，1857 年，当时的王位继承人
特里阿罗嘉·比尔·比克拉姆·沙阿（Trialokya Bir Bikram
Shah）与忠格·巴哈杜尔的女儿结婚。通过政治联姻的方式
与王室建立裙带关系，拉纳家族的地位变得更加稳固。

1877 年，忠格·巴哈杜尔去世。首相职位由其弟弟继承，
并担任到 1885 年。

忠格·巴哈杜尔建立的拉纳家族统治后来成为饱受批评
的军事独裁政权，并最终于 1951 年被推翻，由沙阿王室在
君主立宪的基础上重新执政。然而，尼泊尔实际上由国王掌
权的时间很短，国内政局很不稳定。

此外，昌德拉·沙姆谢尔·拉纳（Chandra Shumsher Rana）统治时期（1901—1929），拉纳家族内部纷争少了很多，尼泊尔废除了奴隶制，建立大学，修建发电站，并让英国于1923年承认了尼泊尔的独立。

因此，对忠格·巴哈杜尔·拉纳及其建立的拉纳政权在尼泊尔历史上的作用，要根据尼泊尔的国情和历史实事求是地看待。

浪漫又悲情的国王

——比兰德拉·比尔·比克拉姆·沙阿

浪漫又悲情的国王
比兰德拉

　　尼泊尔有这样一位国王，他仁慈善良，把所有的情感都献给了自己的百姓，是大家眼中的温情国王，也是尼泊尔史上最受百姓爱戴的君主之一。此外，他解除党禁，同意进行多党制的议会选举。然而，他却在2001年6月1日那天，在见证了沙阿王朝200余年历史的纳拉扬希蒂王宫里命丧枪口，永远地闭上了双眼。他就是尼泊尔沙阿王朝的第十代国王比兰德拉·比尔·比克拉姆·沙阿（Birendra Bir Bikram Shah，1945—2001）。

　　比兰德拉于1955年被立为王位继承人，后在日本东京大学、美国哈佛大学深造，1972年继承王位并任尼泊尔王家军队总司令，1975年正式加冕。

01

身体和灵魂一直在路上

　　比兰德拉出生于加德满都，是沙阿王朝第九代国王马亨德拉·比尔·比克拉姆·沙阿（Mahendra Bir Birkram Shah）和他的第一任妻子的长子。从小生长在王宫里的比兰德拉并没有成为不知人间疾苦的王子，为了满足好奇心，他常常穿着朴素的衣服，不带随从，随意跑出王宫。小时候，他和同龄人一样，看见集市上的小玩意儿，拿在手里就欢喜得不得了，能开心一整天。长大后，被作为王储培养的他，开始从不同的角度看王宫外的世界，他看到了尼泊尔人民生活的困苦。心怀大爱的他时常紧锁眉头、心事重重。

比兰德拉还经常与父亲交流政见，显露出非凡的政治眼光。他不仅继承了父亲作为政治家的雄才伟略，还继承了父母的优雅。无论面对奴仆、平民还是大臣、贵族，他总是谦和有礼，和他交谈令人如沐春风。

比兰德拉是个耐得住寂寞的人，做事有始有终。他花了八年时间在印度大吉岭的一所耶稣教会学校——圣约瑟夫学校学习，与之一起的还有他的弟弟贾南德拉。那是他第一次走出尼泊尔看到外面的世界。曾被英国殖民的印度在很多方面都比尼泊尔进步不少，然而印度人民却也因为被殖民者的身份而备受剥削与压迫，这使他明白，国家的独立自主才是百姓幸福的根源。

1955年，比兰德拉的祖父特里布文·比尔·比克拉姆·沙阿（Tribhuvan Bir Bikram Shah）去世。这个曾经流亡印度又回到祖国并恢复沙阿家族王权的伟大国王，闭上了双目。他希望看到太平盛世，然而终其一生也没能完成夙愿。这一年，比兰德拉的父亲马亨德拉继承了尼泊尔的王位。

马亨德拉继位后，比兰德拉也于1955年正式成为王储。

祖父的离世令比兰德拉悲痛万分。小时候，祖父对他很是疼爱，教他读书，给他讲晦涩难懂的佛经。虽然因忙于政务，祖父并没有太多的闲暇时光享受祖孙同堂的天伦之乐，但在比兰德拉心里，祖父是撑起整个国家的人，比兰德拉敬他、爱他。面对祖父的离世，年幼的比兰德拉努力克制着自己，因为祖父从前总说有担当的人是不会被情绪所左右的。可是这样的悲伤无处排解。一个个夜里，他想明白了一件事——为了他的祖国，为了完成祖父的夙愿，他应该出去看看，去丰富自己的阅历，寻找带领尼泊尔人民走向新生的方法。

1959 年，比兰德拉就读于英国伊顿公学。这所位于泰晤士河畔的贵族学校，是世界各国王室和贵族子弟会集的地方，也是培养各界精英的摇篮。比兰德拉在这里努力学习，渴望自己的国家也能如英国这样——工业和经济快速发展，人民能过上物质相对丰富的生活。

一直学习到 1964 年，比兰德拉才回到尼泊尔。他开始通过徒步旅行的方式探索尼泊尔的偏远地区。在这段苦行僧式的探索中，他看到了本国人民的生存境遇，内心柔软的他明白感性不能拯救尼泊尔千千万万的穷苦家庭，他应该让国家强大起来。在旅行中，他借住在沿途的村民家中和寺院中，在那里他不是王储，于小孩子而言他是亲切的大哥哥，于青年人而言他是可以交流谈心的朋友，于长者而言他是远归的晚辈，于僧人而言他是一个善良仁爱的教徒。

旅途中的见闻和感受给予了比兰德拉继续深造的动力。1967 年，他来到了日本东京，体会到了另一种文明与进步，深深感受到一个国家发展经济对提高国民生活水平的重要。从东京到北海道，从北海道到札幌，他丰富着自己的思想，欣赏着不同于尼泊尔的风光。将尼泊尔的落后现状与日本相比较之后，比兰德拉更有一种改革的欲望，希望国家经济发展、政治民主、百姓富足。

之后，比兰德拉继续前往世界名校哈佛大学学习政治理论，通过这些学习，他越发坚定了改革的想法。

现实中的王子与公主

比兰德拉于 1956 年与他的表妹——拉纳家族的艾什瓦尔雅·拉吉雅·拉克西米（Aishwarya Rajya Lakshmi）正式结婚。他们的婚礼被视作历史上最奢华的印度教婚礼之一，耗资高达 950 万美元。

1949 年，艾什瓦尔雅生于加德满都。她的父亲是肯德拉·舒姆谢尔·扬·巴哈杜尔·拉纳（Kendra Shumsher

Jang Bahadur Rana）上将。拉纳家族曾一度是尼泊尔的实际掌权者，艾什瓦尔雅的出生给家族带来了极大的喜悦，良好的家庭环境使她在精神追求和物质方面优于常人。家族的荣光和她自身的努力，使她成为一位颇具人格魅力的女性。接受过高等教育的她气质优雅，在文学、艺术和音乐方面都造诣颇深，著有大量诗歌和散文，尼泊尔的电台和电视台经常播放由这位王后谱曲的音乐。

同比兰德拉一样，艾什瓦尔雅一出生就带着家族的光环，可即便如此，也会有许多身不由己的时刻。当她的父亲告诉她，她必须得嫁给王储比兰德拉的时候，她极不甘心却又无力拒绝，无法面对却也不能逃离。

与艾什瓦尔雅相反的是，比兰德拉心中充满了无限喜悦。因为他要娶的姑娘正是他倾心爱慕的女子。原来，艾什瓦尔雅的文学著作在当时的尼泊尔盛行。她的文笔极好，她笔下的人物栩栩如生，她的故事总是跌宕起伏。她的诗歌总是能抚慰人心，她的散文总是让人回味无穷。比兰德拉通过那字字句句了解着艾什瓦尔雅。作为她忠实的读者，他珍藏了她所有的著作，读她的书就像认识了她许多年一样，总是能找到共鸣，他甚至还匿名给艾什瓦尔雅写过信。

再次相遇时，翩翩公子比兰德拉先向艾什瓦尔雅伸出了手。艾什瓦尔雅有一瞬的悸动，心想也许嫁入王室，嫁给比兰德拉，也没有那么糟糕。这种悸动在王宫二人的"偶遇"中逐渐转变为了爱情。婚后的比兰德拉和艾什瓦尔雅琴瑟和鸣，被传为一段佳话，二人孕育了两子一女。

顺应民意的国王

1972 年，比兰德拉的父亲去世，出于传统和占星师的建议，比兰德拉将加冕仪式推迟到了继位的第三年。1975 年 2 月 24 日，当黎明的曙光洒满整个尼泊尔的时候，比兰德拉在加德满都举行了加冕仪式。

比兰德拉对外奉行独立、和平与不结盟政策，坚持同所有国家友好相处，致力于加强南亚区域合作，反对任何形式的外来干涉；对内强调发展国民教育和社会经济，促进国家繁荣，提高民众的生活水平。在加冕仪式上，国王提出了将尼泊尔设为"和平区"的建议，以期作为尼泊尔不结盟政策的新内容，并将和平作为最重要的国家发展方针。截至 1990 年 3 月，尼泊尔的"和平区"倡议得到了世界上 116 个国家的承认。

但是，比兰德拉的新举措中并没有涉及政治体制改革。

他认为，穷困和落后的国家不能承受基于政党政治的民主，而是需要行事坚定果断的政府。这令那些希望他会推动民主政治发展的尼泊尔人大失所望。

尼泊尔的国王集权，是通过潘查亚特制度（即无党派评议会制度）来实现的。"潘查亚特"原是印度教社会一种传统的"五老会制度"，即由五位德高望重的男性长者组成的议事机构。尼泊尔的潘查亚特体制非常复杂，实质是不允许政党存在，不允许现代意义的民主选举的，只有忠于国王的人才能进入潘查亚特，并被国王指定为首相、部长，因而是一种以国王为国家权威的制度。1961 年至 1990 年间，被禁的尼泊尔大会党和尼共等政党组织，不断进行反对君主制和无党派评议会制度的活动。

由于越来越多的民主运动不断地涌现，比兰德拉宣布将举行全民投票，以决定是选择无党派制度或多党派制度。全民投票于 1980 年 5 月举行，无党派制度赢得了 55% 的选票。基于多党派的民主制度并没有在尼泊尔通过。但是比兰德拉还是做了些让步，在 12 月颁布的修改后的宪法中规定，全国评议会通过直接选举产生。

与此同时，比兰德拉领导的政府开始缓和对政治组织施加的限制，自由派和学生主导的团体开始在尼泊尔出现，他们要求进行严格的宪法改革。1990 年，尼泊尔发生了一系列民主运动。1990 年 4 月，迫于压力，比兰德拉解除了对政党的禁令，并同意实行君主立宪制及多党议会制。1990 年 11 月 9 日，比兰德拉颁布了将尼泊尔变为君主立宪制国家的新宪法。这是一次艰难的取舍：一边是王族权势，另一边是百姓利益。比兰德拉放弃了前者，顺应时代潮流，选择了民主政治，还给百姓一条更适应国家发展的道路。

死于枪杀的悲情国王

2001 年 6 月 1 日晚上，加德满都的王宫里忽然传来一阵枪声。密集的枪声足足持续了几分钟，国王比兰德拉不曾想到，自己会死在儿子的枪下。而他的儿子，王储迪彭德拉（Dipendra Bir Bikram Shah）最后也举枪自杀。枪声过后，有那么一瞬间的寂静，真正的死一般的寂静。在这场屠杀中，死亡的人包括国王比兰德拉、王后艾什瓦尔雅、王储迪彭德拉、王子尼拉詹（Nirajan Bir Birkram Shah）、公主什鲁带（Shruti Rajya Lakshmi）、国王的两个妹妹什拉达公主（Sharada Rajya Lakshmi）和珊蒂公主（Shanti Rajya Lakshmi）、国王的姐夫库马·卡德加（Kumar Khadga）等。

据尼泊尔官方调查报告和媒体报道，导致王室血案的缘由及当晚案发现场的情形大致如下。

该事件源于国王比兰德拉和王后艾什瓦尔雅与王储迪彭德拉在婚姻问题上的尖锐矛盾。迪彭德拉与其女友德芙雅尼·拉纳（Devyani Rana）相恋了十多年。但是德芙雅尼的家庭却与印度有很深的渊源。由于尼泊尔民间反印情绪高涨，尼泊尔王宫不愿意迎娶一位有着印度政治背景的女人。王后用尽一切办法拆散这对恋人，并且为王储物色了一位名叫苏普里雅·沙阿（Supriya Shah）的女孩作为未来的王后。但迪彭德拉却不喜欢母亲选定的女孩，更没有娶她的意思。在王室血案发生前四天，国王和王后向迪彭德拉发出"最后通牒"，告诉他只有两条路可选择：一是同王后选定的女孩结婚，同时允许他与德芙雅尼保持情人关系，这样他将来仍可成为王位继承人；二是坚持娶德芙雅尼，他就必须放弃王储位，由其弟尼拉詹王子继承王位。

6月1日晚，王宫举办了每月一次的例行晚宴。当晚，迪彭德拉王储七点多钟就到了宴会厅。他与其同辈的姑表兄弟聊天喝酒，并喝了两大杯烈性的威士忌。八点多钟，国王、王后等先后到达。大约九点钟，喝得酩酊大醉的迪彭德拉离开宴会，穿过花园回到他位于花园旁边的住所。他吸了含有可卡因的香烟，与他的恋人德芙雅尼通了几分钟电话，然后换上了一身迷彩服，背上枪，又回到宴会厅。接着，惨案就发生了……

在一片混乱中，属于比兰德拉的时代结束了。

尼泊尔人民非常痛心，在举行比兰德拉国王等王室成员的葬礼时，送葬队伍从陆军医院出发，王室成员、军政要员、各界人士共数万人参加送葬。行进在送葬队伍前面的有仪仗队、军乐队和王宫卫队等。送葬队伍经过市区几条主要街道，浩浩荡荡长达数里。沿途数十万市民伫立街旁、阳台和窗口挥泪告别。

比兰德拉一生斡旋于矛盾重重的尼泊尔政局。他在位期间果敢坚毅，施政柔和，努力发展经济，想要为尼泊尔的未来勾画出美好的蓝图。他拥有卓越的外交才能，接受过西方教育，眼界开阔，极具人格魅力，在国际上享有很高的声誉。比兰德拉同中国三代领导人都建立了深厚的友谊，为中尼关系的发展做出了巨大的贡献。

尼泊尔末代君主

——贾南德拉·比尔·比克拉姆·沙阿

一个国家从君主制变为共和制会怎么样？一个人从国王变为平民又会怎么样？这种通常只能在历史书上看到的情景，却真实地发生在一个至今仍健在的人身上。

这个人就是尼泊尔最后一任国王贾南德拉·比尔·比克拉姆·沙阿（Gyanendra Bir Bikram Shah，1947— ）。

贾南德拉于 2001 年 6 月 4 日继位。2005 年 2 月，他宣布由国王直接统治尼泊尔三年，引起各政党与民众的激烈反对。2006 年 4 月，他被迫放弃仅维持了 14 个月的直接统治；同年 5 月、6 月，尼泊尔议会先后通过法案，剥夺国王的法律否决权以及任命王位继承人、统率尼泊尔军队等实质性权力，尼泊尔国王成了形式上的君主。

2008 年 5 月 28 日，尼泊尔制宪议会宣布尼泊尔废除君主制，成立联邦民主共和国。同年 6 月 11 日，贾南德拉离开王宫，开始了平民生活。

从毛头少年到谦谦君子

1947 年 7 月 7 日，贾南德拉生于加德满都。1950 年，当贾南德拉只有三岁的时候，他的祖父，时任尼泊尔国王的特里布文与家人流亡国外，于是王位被传于贾南德拉（1950—1951年在位）。但这次传位并没有得到国际承认。1951年，特里布文回到尼泊尔重掌王权，贾南德拉的第一次统治宣告结束。1955年，特里布文传位于贾南德拉的父亲马亨德拉。

贾南德拉的童年就是如此与众不同。小时候他遭受过苦难，作为王室成员，虽享受了优越的生活条件，但也受到王室严格烦琐的规矩的约束。年少的贾南德拉不仅继承了父亲的睿智和母亲的贤德，学习成绩也很优异。他少年时期的学习经历为他日后继位治理国家奠定了坚实的基础。1966年，贾南德拉就读于印度大吉岭圣约瑟夫学校；1969年，他在加德满都特里布文大学获得学士学位，而后又赴英国剑桥大学继续深造。

1970年5月，在王室的安排下，贾南德拉与艾什瓦尔雅王后的妹妹科玛尔公主（Komal Rajya Lakshmi）结婚。婚后育有一子一女。2001年10月，其子帕拉斯（Paras Bir Bikram Shah）被立为王储。

贾南德拉亲近自然，喜欢骑马，是一名野生动物爱好者。常年生活在王宫里的他，经常感到压抑。走出王宫，走向草原和森林时，他才感到自由和放松。从小就对万事万物有敬畏之心的少年，对待小动物更是十分的温柔。于是他凭借自己多年的游历经验，于1976年出任世界野生动物基金会

（World Wild Fund For Nature，又译作"世界自然基金会"）
国际委员。

世界野生动物基金会在全球享有盛誉，是最大的非政府
环境保护组织之一，于 1961 年成立，总部位于瑞士格朗。在
这个组织中，贾南德拉没有忘记自己的初衷，尽力去救助全
世界更多的动物，让它们可以有一个适合生存的栖息地，
减少人类对生物多样性的破坏。

尼泊尔最后的国王

贾南德拉一生当过两次国王。这样奇特的经历，铸就了
他如鹰一般的性格。

1950—1951 年，贾南德拉的祖父特里布文流亡印度时，
贾南德拉因为年幼被留在国内，被短暂地扶植为王。彼时的
尼泊尔由拉纳家族统治，国王没有真正的实权。贾南德拉这
个只有三四岁的孩子，不过是一个名义上的国王，实际上一
切权力都在拉纳家族手中。

在其兄长比兰德拉成为国王之后，1977 年，贾南德拉出
任尼泊尔国务会议委员，地位十分尊贵。

2001 年 6 月 1 日晚，尼泊尔王宫内发生离奇枪击案，举国震动。百姓深深爱戴的国王比兰德拉以及其他数位王室成员遭遇刺杀。这一事件让全国百姓难以置信，但又不得不接受现实。一时间，贾南德拉被推上了风口浪尖。2001 年 6 月 4 日，贾南德拉继位国王。

1990 年以来，尼泊尔王室掌握国家的权力受到限制，但是在尼泊尔百姓心中，他们依然敬仰和爱戴这些王室成员。在后沙阿王朝（1951 年结束拉纳独裁政权后的沙阿王朝），比兰德拉国王是最受敬重的国王之一。因为他主动放弃绝对王权，实行君主立宪，让国家在较安稳的环境中发展经济。2001 年 6 月王室惨案的发生，很快引起了社会混乱，愤怒和悲痛的情绪充斥着整个国家，紧张的气氛迅速扩散到全国各地。为防止发生骚乱，政府调动了数千名士兵驻守在王宫前。

贾南德拉继位后，作风强硬，有民众担心他会轻视议会民主，图谋复辟 1990 年之前的专制王权。据称，当年比兰德拉国王决定实行君主立宪制时，贾南德拉曾坚决反对。在贾南德拉加冕典礼举行时，现场聚集着许多高举标语的反对者。后来发生的事，也确实证实了人们的猜想。

2005 年 2 月 1 日，贾南德拉解散了由谢尔·巴哈杜尔·德乌帕（Sher Bahadur Deuba）首相领导的联合政府，宣布将组成由他本人领导的新政府。他还宣布全国进入紧急状态，并以军队最高统帅的名义授予国家安全部队以更多权力。他承诺将在三年内彻底解决国家的安全稳定问题,而后还政于民。

其后,德乌帕于 2005 年 4 月 27 日被警方逮捕。7 月 26 日,德乌帕以腐败罪名被尼泊尔皇家反腐败委员会判处两年监禁。2006 年 2 月 13 日,尼泊尔政府释放了被关押 10 个多月的德乌帕。当天,尼泊尔最高法院特别法庭解散了皇家反腐败委员会,并宣布该委员会做出的所有决定和采取的一切行动均无效。2017 年和 2021 年,德乌帕两次出任尼泊尔总理。

有人认为,由于尼泊尔国民对前国王比兰德拉过于崇拜,且贾南德拉国王的执政理念与之有很大不同,导致贾南德拉国王上台后遭到国民的反对,因此他的政治道路不会一帆风顺。

贾南德拉的强硬统治,让尼泊尔境内武装分子的活动进一步升级,经济形势也每况愈下,民众不满情绪开始爆发。数千名工人、各行各业从业人员和商人也加入了学生和政治活动分子发动的示威活动,不顾宵禁令和格杀勿论令走上街头,与警方发生冲突,这些活动在 2006 年 4 月份达到了顶峰。贾南德拉下令镇压抗议活动,导致多名示威者伤亡,1000 多人被拘捕。

这一血案发生后,贾南德拉彻底失去了民心。数十万人

走上街头反对国王贾南德拉，国际社会也对尼泊尔政局表示
了关注，纷纷要求贾南德拉国王恢复议会民主。2006 年 4 月
底，陷入四面楚歌的贾南德拉被迫宣布恢复废止四年之久的
议会，交出执政大权。同年 5 月，尼泊尔议会通过决议，决
定解除国王全部特权，使议会成为最高权力机构。

　　2008 年 5 月 28 日，尼泊尔制宪会议举行第一次会议，
宣布废除君主制，改为联邦民主共和制，取消国王贾南德拉
的特别待遇，贾南德拉从此成为平民。

退位后的生活

　　贾南德拉退位后的生活很孤寂，只有小部分亲人或者朋
友会去看望他。

　　可能是因为贾南德拉年事渐高，想过平淡的生活，不愿
意和小辈们生活在一起，所以他向临时政府提出了新居申
请。贾南德拉申请的新居是以前尼泊尔王室的夏日行宫，这
里虽不如王宫那样气派辉煌，但在这样的地方幽居也是一种
独特的生活体验。

　　搬家前，贾南德拉曾和新政府进行过一次商议，希望可

以增加安保的数量，以确保安全。但是新政府一开始并没有答应他的请求，因为新政府认为不应该再承担他的开销，不过为了保险起见，还是安排了几十名士兵来保护他的安全。以前在王宫有将近 600 名训练有素的工作人员照顾他的日常起居、负责王室的日常工作和生活，其中不仅有替国王打下手的公文秘书，还有大量照料着整个王宫的仆从和杂役。自从贾南德拉成为平民后，那些王宫里的工作人员也被政府安排到其他地方工作。

贾南德拉周边人士说："除了一些前皇室秘书外，我没有看到太多人到这里来拜访他。前国王也很少离开住所，他有时候一周出去一次，有时候两周才出去一次。"

贾南德拉退位后将大量时间花在写诗、祈祷和上网当中。除此之外，他更喜欢在附近的森林散步，看看花花草草。有时候他也会外出，陪着妻子逛街买东西，出去喝喝茶，看看外面的情况。但是大部分外出则是因为要顾及事业，毕竟他在国内外还有自己的企业。贾南德拉重新过回未继位国王时的那种自由自在、无拘无束的生活。当贾南德拉昔日好友还在担心他的情况时，他的妻子时常会告诉大家他现在心情挺好，十分坦然地接受了自己目前的生活。

贾南德拉国王长期对中国十分友好，他不仅主动于 1975 年和 1994 年访问中国，而且希望中国领导人可以到尼泊尔进行访问，以促进两国的友好交流。贾南德拉继承王位之后最先想访问的国家就是中国，并于 2002 年 7 月对中国进行了国事访问。不仅如此，作为尼泊尔这个亚洲发展中国家的国王，贾南德拉还被邀请出席博鳌亚洲论坛 2005 年年会。2005 年，贾南德拉在印度尼西亚举行的不结盟国家首脑峰会上正式提出把尼泊尔作为"过境经济体"（transit economy），呼吁中国加入南亚区域合作联盟。同年，贾南德拉国王派财政部部长率领代表团访问中国，探讨中尼边界开放更多路线供双边贸易，同时向中方表达了将青藏铁路延伸到中尼边界，通至加德满都的愿望。

共和国的主要缔造者

——吉里贾·普拉萨德·柯伊拉腊

柯伊拉腊

共和国的主要缔造者

在尼泊尔从一个君主立宪制王国向联邦民主共和国的转变、发展的进程中，有个人不得不提，他就是吉里贾·普拉萨德·柯伊拉腊（Girija Prasad Koirala，1925—2010）。

吉里贾·普拉萨德·柯伊拉腊出生于印度比哈尔邦。20世纪60年代，他因参与反对国王专制统治的民主运动而入狱7年，出狱后流亡印度，至1979年返国。尼泊尔恢复君主立宪制之后，柯伊拉腊在1991年带领尼泊尔大会党赢得议会民主选举的胜利，成为尼泊尔第一位多党议会制下的首相。1994年辞职，1998年4月再度担任首相。12月21日又被迫辞职，但两天后被任命为新联合政府首相。1999年5月下台。2000年3月再次被任命为首相。2001年7月下台。2006年4月至2008年6月，柯伊拉腊又先后两次出任首相。任期内，他在结束尼泊尔内战、启动和平进程、废除君主制确立共和制等问题上，发挥了至关重要的作用。

柯伊拉腊从政时间超过60年，是执政次数最多、历时最长的尼泊尔大会党的重要人物之一。

01

他的青少年时代

柯伊拉腊出生于 1925 年，是家里的第四个孩子。他有两个哥哥，一个姐姐，四个弟弟妹妹。

柯伊拉腊的父亲克里希纳·普拉萨德·柯伊拉腊（Krishna Prasad Koirala）是一位开明的绅士，是资产阶级改革派，他倾其所有财力策划和领导各种活动，希望推翻拉纳家族的封建独裁统治。克里希纳在尼泊尔的政治影响很大，在他的影响下，他的几个儿子也成了著名政治家。

其长子马特里卡·普拉萨德·柯伊拉腊（Matrika Prasad Koirala）出生于 1912 年，很早就成为革命家，曾带着二弟毕什维什瓦尔·普拉萨德·柯伊拉腊（Bishweshwar Prasad Koirala）参加了印度的民族运动，并一起坐过牢。1951 年拉纳家族政权被推翻，马特里卡·普拉萨德·柯伊拉腊成为首相，后于 1997 年去世。

其次子毕什维什瓦尔·普拉萨德·柯伊拉腊出生于 1914 年，早年随父亲在印度流亡、接受教育并参加各类政治活动，1947 年当选为尼泊尔国民大会党执行主席，1959 年成为尼泊尔历史上第一位民选首相。1960 年 3 月，他访问中国，受到周恩来总理的热情接待。1960 年 4 月，他在加德满都与来访的周恩来总理签署了基于和平共处五项原则的《中华人民共和国和尼泊尔王国和平友好条约》。这一条约为中尼两国关系奠定了基本原则和框架。1982 年，他因癌症去世。在这种家庭氛围熏陶下长大的吉里贾·普拉萨德·柯伊拉腊，注定一生与政治息息相关。

柯伊拉腊的青年时代大部分在印度度过。然而，他的儿时记忆里，父母教他的第一课，就是要去了解底层人民的处境并施以援手。柯伊拉腊曾回忆道，他从小就生活贫苦，他印象最深的就是，每到冬天母亲都会拿大衣把他裹得紧紧的，他带上书籍和食物，和父亲一起前往离家最近的福利院。在那里，他不用受老师们的白眼和同学们的嘲笑，和福利院的小朋友们玩得十分开心。父母常常把孩子们聚在一起，给他们讲故事听。

耳濡目染的小柯伊拉腊自然也知道学习的重要性，可是他最不喜欢的地方就是学校。这种对学校的厌恶还要从头说起。一开始，他的同学们只是有点排斥柯伊拉腊，因为他总是穿着打满补丁的破衣服，看上去像街上的乞丐。受到排挤的柯伊拉腊倒也乐观，没有玩伴，就独自看书。直到有一次，学校组织学生一起去春游，要求每个学生交一定的费用，懂事的柯伊拉腊知道这些钱对于自己的家庭来说来之不易，不想问家里要钱，可是他又很想和同学们一起去玩，但老师和同学们谁会相信他家里没钱呢，毕竟上个月他爸爸还给福利院捐了款，有的人甚至怀疑他是不是他父母亲生的，是不是父母不愿意给他花钱，旁边还有其他同学附和着。那些风凉话仿佛一把把利刃刺在柯伊拉腊的心头，敏感的他从此再也不想去学校了。

即使面对这种情况，柯伊拉腊也没有和父母倾诉，种种疑虑和困惑都由他独自消化。在学校里，没有人与他玩耍，他就多读书，与书里的人物"交流"。他上课时总是认真听讲，勤奋学习。上学期间，柯伊拉腊的成绩一直名列前茅。放假的日子里，柯伊拉腊经常随母亲一同抄书写字，换一点微薄的报酬。尽管如此，柯伊拉腊却没有觉得生活苦不堪言，反而更加珍惜读书的机会。他希望自己能够通过读书改变现状，让他和父母都过得更好，再也没有人说"他不是父母亲生的"这样难听的话。

柯伊拉腊的青少年时代正处于第二次世界大战时期，他最痛恨的就是战争。和平时期的日子虽然清苦，但也过得下去。最可怕的就是战争。每逢战争，国家就会加收粮食和税赋，原本困难的家庭在这个时候就更加愁苦，一年到头辛辛苦苦种的那点粮食还不够上交的。除此以外，每逢战争，国家就会要求年轻壮丁去服兵役。柯伊拉腊亲眼看见军官带走了邻居家的两个哥哥，从那以后他们再也没有回来。柯伊拉腊常常感叹，普通生命是无辜的，战争每带走一个人，摧毁的都是一整个家庭。

02

进击的民主斗士

柯伊拉腊从小就耳闻目睹战争给人们带来的苦难。在父亲的影响下，他和哥哥都积极投身于争取民主的事业，在反对拉纳家族统治和反抗王权的斗争中贡献了自己的力量。

1947年，尼泊尔国民大会党在印度成立，柯伊拉腊的二哥毕什维什瓦尔·普拉萨德·柯伊拉腊担任执行主席。其主要目标是推翻拉纳家族统治，建立基于议会制的君主立宪制国家。

尼泊尔国民大会党成立后，在柯伊拉腊的家乡比拉德讷格尔组织总罢工，其中也有共产主义者的参与。

在这种背景下，年仅22岁的柯伊拉腊开始参与政治运动。他虽然年轻，但是处事沉着冷静，考虑事情全面严密。他先是在印度成立了尼泊尔第一个工会组织，然后回国和二哥共

075

同领导了黄麻厂的罢工。

那年，尼泊尔天气极其恶劣，全国多地发生了地震，房屋倒塌，庄稼几乎颗粒无收，手工业也受到严重的影响。手工厂迟迟收不到原材料，无法给下级销售商供货，下级销售商因为没有商品而难以支撑生意，一家又一家店面倒闭。

比拉德讷格尔黄麻厂的厂长为如何按时发放工人的工资而焦头烂额，他一方面尽力减少厂里的开销，另一方面向其他厂筹钱。可是情况十分不乐观，每家厂长都说自己的厂里也没有生意，因此他根本借不到钱来改变现状。拿不到工资的工人生活越来越艰辛，只能靠之前的积蓄勉强度日。街上的救助站也因为前来求助的人太多而支撑不下去，不得不关门停止救助。

在这个时候，拉纳家族非但不体恤民情，不向农民拨款救助，反而加大税赋征收力度。愤怒、无奈、伤心……种种被压抑着的情绪在这一刻悉数爆发。这些工人在柯伊拉腊兄弟和共产党人曼·莫汉·阿迪卡里（Man Mohan Adhikari）等人的领导下，有组织地走上街头游行、罢工。

拉纳家族出兵镇压，逮捕了毕什维什瓦尔·普拉萨德·柯伊拉腊和曼·莫汉·阿迪卡里等人。尼泊尔国民大会党决定发动一场全国范围的运动。他们在运动中提出了"打倒拉纳政权""民主和自由万岁""释放政治犯"等口号。迫于压力，拉纳家族不得不做出让步。

这次罢工运动给了柯伊拉腊信心，他也了解到民心向背是当政的关键，好的领导人必定是为了维护民众的利益而努力的。

经过几次罢工起义，人们对拉纳家族的抵触情绪越来越深。1950 年，尼泊尔国民大会党和尼泊尔民主大会党合并，组成尼泊尔大会党，由马特里卡·普拉萨德·柯伊拉腊任主席。在尼泊尔大会党的领导下，尼泊尔人民掀起声势浩大的反对拉纳家族专政的群众运动和武装斗争。1951 年，尼泊尔国王特里布文在印度的支持下，结束了拉纳家族的独裁统治，恢复了王权，并颁布临时宪法，实行君主立宪制。与此同时，马特里卡·普拉萨德·柯伊拉腊被任命为首相，打破了拉纳家族对首相一职长达百余年的垄断。

1959 年年初，国王马亨德拉颁布尼泊尔的第一部宪法并举行第一次大选。柯伊拉腊的二哥毕什维什瓦尔·普拉萨德·柯伊拉腊被选为首相，成为尼泊尔第一位民选首相，也是柯伊拉腊家族的第二位首相。

接连出现两位首相，柯伊拉腊家族成为当时尼泊尔政坛的望族，被各方势力关注，收获了不少追随者的同时也树立了不少政敌。在此过程中，柯伊拉腊认识了不少有识之士，积累了人脉，赢得了人心。

1960 年，马亨德拉国王行使紧急权力，下令解散议会和内阁，暂停宪法，禁止所有政党活动，逮捕政党领袖，并实行评议会制度。尼泊尔的独裁统治开始复辟。

民主斗士柯伊拉腊不得不再次投身到争取民主的革命运动中去，柯伊拉腊父兄皆被送入监狱，他本人也在牢房中度过了七年时光。命运在这个艰难的时刻又给了他沉重的打击。1967 年，柯伊拉腊的爱妻苏什玛·乌帕达雅（Sushma Upadhyaya）不幸去世。

1967 年，柯伊拉腊被释放，短短 7 年，本处于风华正茂年龄的柯伊拉腊仿佛变老了 20 岁，变得深沉而内敛。获释后，他被驱逐出境，同他一起的还有其他被释放的政党领导人和工作人员。他们一同被驱逐到印度，从此过上了漂泊无依的生活。直到 1979 年，柯伊拉腊才回到尼泊尔。

数次出任首相，重视尼中关系

1990 年，比兰德拉国王迫于局势和舆论压力，解除党禁，恢复了君主立宪制政体。

1991 年，尼泊尔举行多党议会制下的首次选举，柯伊拉腊顺利当选两个选区的国会议员。随后尼泊尔大会党赢得众议院多数席位，在 205 个席位中占了 110 个。柯伊拉腊随后被选为尼泊尔大会党的领袖，并被比兰德拉国王任命为首相。由此，他成为在尼泊尔恢复政党政治、举行多党议会制后的首次选举中产生的首位首相，也是柯伊拉腊家族的第三位首相。

柯伊拉腊一生数次担任首相，虽然他每次出任时间都不长，但对风云变幻、动荡不定的尼泊尔政坛来说，已经十分难得。柯伊拉腊被比喻成尼泊尔政坛的常青树，为尼泊尔的进步发展输入了源源不断的动力。

1991 年，柯伊拉腊出任首相后，立刻采取措施，改善人民的生活状况，促使众议院立法开放国家的教育、媒体和卫生部门。这一举措促进了尼泊尔政治等方面的进步。

柯伊拉腊非常重视尼泊尔与中国的关系。1992 年 3 月，柯伊拉腊访华。中共中央总书记江泽民、国务院总理李鹏、国家主席杨尚昆分别会见了他。两国领导人回顾了两国关系在和平共处五项原则的基础上取得的稳定发展，同意进一步加强两国在经济、贸易、文化、教育等领域的合作与交流。访问结束后，中尼双方发表了联合公报。2001 年 5 月，国务院总理朱镕基访问尼泊尔，同尼泊尔首相柯伊拉腊举行会谈，两国签署多个合作文件，中尼友好关系迈上了新高度。

04

结束长期内战，建立共和制度

柯伊拉腊痛恨战争。在尼泊尔内战的十年里，柯伊拉腊常常跟身边的工作人员去战区的平民家里探望，他见过太多因为战争导致生活难以为继的家庭。有一次，他去尼泊尔一个偏远的小镇看望老百姓，恰逢军队前来征兵。破破烂烂的小草屋里灯光昏暗，床上躺着的老人已经几乎看不见东西；旁边的小凳上坐着一个老奶奶，借着微弱的灯光在缝补衣裳；一个六七岁的小男孩趴在地上玩着泥土，桌子上放着一只边缘参差的碗，碗里盛有半碗粥。与其说是粥，不如说是半碗水里漂了几粒米。听见有人来敲门，老人赶紧让小男孩躲进柜子里，连声说道："快进去啊，你可是最后一个孩子了，可千万不能出什么事情。"经了解，柯伊拉腊才知道，这家原本有四个孩子，三个大孩子都在内战开始时就被拉去从军，这么多年一直杳无音讯，两个老人身体不适，无法耕种，因此日子过得十分艰难。柯伊拉腊听后感到十分忧伤，递给老人一大包粮食，没想到老人却说"我不要吃的，你让他们不要带走我的小孙子就可以了"。这件事给柯伊拉腊带来了极大的震撼，他意识到战争带给民众的伤害有多大，战争带来的伤痛可能需要一年、十年，甚至一代人、几代人才能磨平。这些悲伤的故事一直激励他为建设一个和平的国家而不懈奋斗。

2006年4月，柯伊拉腊再次出任尼首相，并开始积极创造条件停止内战。

尼共（毛主义）是尼泊尔政坛一支主要的政治力量，其基本政治主张是废除君主制，实行民主共和制。以柯伊拉腊为主席的尼泊尔大会党则认为，尼泊尔不能废除君主，只要完善君主立宪即可。

贾南德拉国王无形中在大会党与尼共（毛主义）之间扮演了调和者的角色，他于2005年2月宣布未来三年亲政这一举措缩小了尼泊尔大会党与尼共（毛主义）的分歧。柯伊拉腊不能容忍自己推行民主化的政治理想遭到亵渎，便联合其他六大党，组成七党联盟，发起声势浩大的民主运动，要求国王取消亲政。

2006年，上百万人走上街头反对国王贾南德拉。百病缠身的柯伊拉腊任总指挥，多次指导运动。柯伊拉腊曾对其他政党领袖说，他来日无多，但这辈子最后一个愿望就是看到尼泊尔人民能过上和平、民主和繁荣的生活。

2006年4月，贾南德拉国王终于低头，宣布将行政权力移交给柯伊拉腊。同年5月，尼泊尔议会通过决议，决定解除国王全部特权，使议会成为最高权力决策机构。消息传来，一些民众来到柯伊拉腊的住宅门口跳起了欢庆的舞蹈，向这位老人表示敬意和祝贺。

11年战乱使13000名（一说16000名）尼泊尔人死亡，也使国民经济处于崩溃边缘。多年来，民众要求停止内战、重建和平的呼声一浪高过一浪。国际力量也从中斡旋，如联合国发挥了重要作用。在柯伊拉腊的不懈努力下，2006年11月8日，尼泊尔七党联盟政府终于与尼共（毛主义）签署了和平协议。和平协议达成后，尼泊尔各界欢欣鼓舞，纷纷表示，这次重大突破为建立新的尼泊尔开启了大门。

当时担任尼泊尔首相、七党联盟首领的柯伊拉腊说："这个协议对于新尼泊尔来说，是一个历史性的开始……会谈中有许多反复，这不是一个输家赢家的游戏，我们都获得了胜利，尼泊尔人获得了胜利。"

尼共（毛主义）领导人普拉昌达也说："我们已经达成了一个历史性协议，该协议令世界瞩目。"

2007年4月，根据尼泊尔临时宪法，尼泊尔临时政府成立，柯伊拉腊继续担任首相。

2008年5月28日晚，新成立的尼泊尔制宪会议举行第一次会议，以绝对多数票通过以柯伊拉腊任代总理的尼泊尔临时政府提出的议案，宣布尼泊尔为联邦民主共和国，废除了君主制，有着 239 年历史的沙阿王朝宣告结束。

完成历史使命后，6 月 26 日，柯伊拉腊在尼泊尔制宪会议上宣布辞职。他说，尼泊尔政党应该继续团结起来，完成和平进程并在两年内制定新宪法。

此后，柯伊拉腊再也没有出任政府职务，但自始至终关心和影响着尼泊尔政局的发展。在其后的几年中，柯伊拉腊领导民主阵线组成的政党，支持和促进民主自由原则。柯伊拉腊写了一个简单的宣言：为了和平和自由而努力。

2010 年，柯伊拉腊病情迅速恶化，但仍毅然挑起和平重任。他作为协调人的"高层政治机制"于 2010 年 1 月 8 日成立，主要政党领袖均参与其中，这是他生前担任的最后一项重要职务。不过，这一旨在达成政治共识的机制后来未能达成其最终目标。

2010 年 3 月 20 日，柯伊拉腊在加德满都的女儿家中去世。

柯伊拉腊逝世的消息震惊了尼泊尔各界，尼泊尔政府决定为他举行全国性吊唁活动。

联合国秘书长潘基文表示："柯伊拉腊无畏恶势力，始终用无畏的战斗为国家公平和民主权利而奋斗，哪怕是做出伟大的个人牺牲。"

印度总统帕蒂尔和总理辛格分别对柯伊拉腊的逝世表示

哀悼。印度总理辛格发表声明："柯伊拉腊是大众的领袖和政治家，在国家最关键的时刻，在历史性的时刻，他用他的知识和智慧引导尼泊尔走向正确之路。"他还说，柯伊拉腊是尼泊尔最资深的政治家，也是南亚最杰出的政党领袖，为尼印两国的友好关系以及南亚地区的和平事业做出了卓越贡献。《印度教徒报》也称柯伊拉腊为"国家卫士"和"自由战士"。

柯伊拉腊一生致力的尼泊尔和平与民主共和事业，仍在继续向前推进。

2015 年 9 月 20 日，尼泊尔总统拉姆·亚达夫正式宣布实施新宪法，这是柯伊拉腊的夙愿，而 8 年前由柯伊拉腊主持制定并施行的临时宪法随即完成了其历史使命。

亚达夫总统宣布这一重大决定时说，尼泊尔人民今天实现了几十年的梦想——通过民主途径制订一部新宪法。他希望，新宪法确立的民主共和制、比例代表制将在未来得到进一步发展，确保国家政治稳定，走向经济和社会繁荣。

2008 年尼泊尔制宪会议宣布尼泊尔为联邦民主共和国时，原定两年内制定新宪法。但由于政党争斗不断，修宪一再延期，直到 2015 年 9 月，尼泊尔人民才终于等来新宪法的颁布。当晚，尼泊尔民众纷纷走上街头，高举国旗和鲜花，齐唱尼泊尔国歌，庆祝新宪法的颁布。加德满都大街小巷随处可见高挂的尼泊尔国旗、彩灯和彩带，热情喜悦的尼泊尔人民拥抱在一起，共同庆祝这一历史性时刻。当晚，一些民众还用蜡烛和油灯摆出了尼泊尔地图的形状，通宵庆祝。

值得一提的是，彼时的尼泊尔总理苏希尔·柯伊拉腊（Sushil Koirala），是柯伊拉腊家族的第 4 位政府首脑。他于 2014 年 2 月至 2015 年 10 月出任尼泊尔总理。他在任期间，主导了尼泊尔新宪法的通过，不但实现了尼泊尔人民几十年的梦想，也完成了吉里贾·普拉萨德·柯伊拉腊的遗愿。

共和国首任总统

——拉姆·巴兰·亚达夫

拉姆·巴兰·亚达夫

共和国首任总统

拉姆·巴兰·亚达夫（Ram Baran Yadav, 1945— ），是尼泊尔联邦民主共和国首任总统。他出生于尼泊尔首都加德满都以南达努萨县的一个农民家庭，先后获印度加尔各答医学院的医学学士学位和印度昌迪加尔医学研究所的医学博士学位，毕业后在尼泊尔南部的特莱地区从医，在医学界享有盛名，后成为尼泊尔第一位民选首相毕什维什瓦尔·普拉萨德·柯伊拉腊的私人医生，由此开始接触政治活动，并先后担任国务大臣、卫生部部长等职，2008年7月当选为总统，2015年10月28日期满离任。

梦想的实践者

拉姆·巴兰·亚达夫年少时生活在农村，家境并不好，父母都是善良老实的农民，在意的是一餐一食的温饱。在这样的生活里，亚达夫更多地体会到了广大民众生活的不易与艰辛，意识到了一个国家、一个民族的根本就是保障人民生活幸福。

在亚达夫所处的那个年代，劳苦大众最担心的就是战争。所幸亚达夫的家乡地处偏僻，使他免受战争的直接伤害。在沃野炊烟的故乡，每个人的脸上都洋溢着善良淳朴的笑容，即使对陌生人也展现出极大的善意。正是这样的环境，让他养成了积极的性格。成长在这种环境里的亚达夫极富爱心且乐于助人，村子里总能看到他在别人家的院子里忙碌的身影，还有他因人们的感谢而露出的羞涩笑容。

直到有一天，他的童年玩伴因病不幸离世。朋友的死亡让他倍感悲痛。他发现一个在其他国家能治疗的病，在自己国家的医疗体系中却束手无策。于是，他萌生了想要行医救人的念头。他的忧虑意识也让他更加珍惜学习的机会。生活的艰难没有磨灭他对学医的执着向往，随着年龄的增长，他更加坚定了这种信念，时常废寝忘食地学习。由于环境条件限制，他所能翻阅的书籍和资料少之又少，可即便如此，他也努力把能接触到的资料全都记入心中，充实精神生活，让自己强大起来。在同龄人都开始重复父辈生活的轨迹时，亚达夫仍在学校里念书，这让他看起来像是一个异类。有些人总是嘲笑他：一个农民的儿子是不会获得成功的。但是他不为所动，因为他心中怀有更为坚定的信念。

亚达夫在加德满都上完高中后得到了前往印度学习医学的机会。但这却是一次艰难的抉择，年迈的双亲与高昂的学费让他望而却步。而他的老师告诉他，每个人的人生之所以不一样，是因为有的人排除万难，珍惜了可以选择的机会，而有的人却不做丝毫努力便放弃了。他斟酌再三，还是决定去留学，因为他知道他会回来，会去完成他治病救人的梦想。

首次背井离乡的亚达夫只身一人来到了加尔各答。陌生的环境和难以融入的教学氛围一度让他在夜里辗转反侧。但通过及时调整与刻苦钻研，很快适应了这种快节奏的学习生活。逐渐成熟的亚达夫在为人处世上深受老师和同学的赞扬，课业优秀的他也让那些质疑过他的人刮目相看。经过几年的刻苦努力，他先后获得印度加尔各答医学院的医学学士学位和印度昌迪加尔医学研究所的医学博士学位。

毕业后，他回到了尼泊尔，在尼泊尔南部特莱地区行医。那里医疗资源非常紧张，亚达夫经常一天排好几台手术，甚至十几个小时不能休息，但是一次次救治患者的经历更加坚定了他的人生观，患者康复后的喜悦与感激总是使他备受鼓舞。

弃医从政的热血派

从医经历使拉姆·亚达夫每天在为患者减轻痛苦的同时也收获了成就感。在荣誉和名望纷至沓来的时候，他也意识到，只凭个人努力，终究无法保障人民生活幸福。解决少数人的病痛与饥荒，或许是他自己力所能及的事，但真正的改变是冲破社会的枷锁，让全国人民都能够站起来。

1960年，国王马亨德拉利用他对于国家的紧急权力接管了政府，声称议会滋生了腐败，导致政党利益超越国家利益，于是暂停了宪法，解散了当选的议会。他还建立了无党派的评议会制度，政党被宣布为非法组织，许多著名政治人物都被软禁。马亨德拉通过"行使主权权力和固有的特权"颁布了一部新宪法，同时表示无党派的评议会制度是指不需要党派"指导"的民主。人民可以选举他们的代表，但真正的权力仍然掌握在君主手中，反对这种制度的人被称为反民族人士。

哪里有压迫，哪里就有反抗。20世纪80年代，改革的呼声日益高涨，人们对民主的诉求越发强烈。或许是历史的选择，或许是历史的偶然，正是在这种背景下，亚达夫成为尼泊尔大会党领导人毕什维什瓦尔·普拉萨德·柯伊拉腊的私人医生。正是这段当私人医生的经历，使他开始作为尼泊尔大会党的骨干积极参与政治。在毕什维什瓦尔·普拉萨德·柯伊拉腊这位睿智的政治家身边，亚达夫耳濡目染，形成了自己的政治主张。随着视野的不断开阔，他的政见也日益成熟，他在政治道路上越走越远，影响力也越来越大。

1990年，亚达夫被捕入狱，在被监禁的日子里，精神上的愤懑与身体上的苦痛并没有浇灭他的热血，反而使他更加向往和平与自由。1990年，尼泊尔大会党推进的民主化运动终于获胜，尼泊尔恢复了多党民主制度。亚达夫出狱后，当选为尼泊尔达努萨区第五选区的众议院议员。1991年至1994年间，他又出任国务大臣。1999年至2001年，他担任内阁卫生部部长。年少时的奋斗精神一直伴随着亚达夫，几十年的艰苦生活在亚达夫的脸上刻画出了岁月的痕迹，他的眼神却一如既往的坚定。

在当代尼泊尔，严格的种姓制度在国家政治中仍有着深刻影响，一些移民和低种姓的群体甚至接触不到权力的边缘。伴随着民主意识的觉醒，这些群体纷纷要求政府赋予他们民主权利，有些地区还要求成为独立的自治区。

亚达夫尊重所有群体的民主权利，但反对所谓的"自治"，因为他认为这会导致国家分裂，甚至导致内战，造成大量的流血和牺牲。医生出身的亚达夫非常尊重生命，他曾不止一次地表示，各民族和平相处，打破隔阂，才能促进尼泊尔快速发展。

在各种自治主张中，影响最大的是将南部肥沃的特莱平原地区划为一块拥有自决权的自治区，由马迪西人自治。

亚达夫也是马迪西人，但他始终认为生活在尼泊尔的每一个居民首先都是尼泊尔人，他们要做的是争取平等权利，而不是分裂国家。为了迫使亚达夫支持特莱地区自治，2007年5月，以寻求特莱地区自治为宗旨的"特莱人民解放阵线"人员冲进了亚达夫的住宅，威胁亚达夫支持他们，事关国家利益，亚达夫不惧威胁，坚持立场。

在尼泊尔，政治势力错综复杂，但亚达夫始终坚持自己的政治理念，并明确表示将以全部精力致力于国家的和平和包容性的民主体制。他维护国家统一和民族团结的宣言掷地有声。

悬念下当选，连任七年

在 2008 年的尼泊尔制宪会议中，拉姆·亚达夫在大会党内担任秘书长。

当时舆论普遍认为，拉姆·拉贾·普拉萨德·辛格（Ram Raja Prasad Singh）是最有希望赢得选举的人选。因为他是马迪西人，他的提名获得多个马迪西政党的支持。因此，在尼泊尔举行首次总统选举时，最初并没有人想到拉姆·巴兰·亚达夫会当选。

2008 年 7 月中旬，首轮选举未能产生总统。尼泊尔的政治气氛紧张了起来。7月21日，尼泊尔制宪会议第二轮总统选举开始投票。共有590名制宪会议代表参加投票，亚达夫最终当选为总统。亚达夫说："作为宪法意义上的总统，我的角色是各党派之间的协调人。我将为尼泊尔的主权、独立、领土完整而奋斗。我想结束暴力和社群政治。"宣布当选后，尼泊尔大会党高级官员比马伦德拉·尼迪（Bimalendra Nidhi）说："我们很高兴，一个平民的儿子终于成为尼泊尔共和国的第一任总统。亚达夫不仅是大会党成员，更是尼泊尔人民的一员。"

2008年7月23日，在这一天举行的总统就任仪式上，拉姆·亚达夫走向就职演讲台的时候，仍旧是平常的模样，步伐沉稳坚定，面对不停闪烁的闪光灯，他也只是带着淡淡的笑意。因为他知道这一切只是开始，为民主和发展奋斗之路任重道远。当会场上回荡着他宣誓的声音的时候，他能感受到来自四面八方的目光，无论是善意的、质疑的还是敌视的，他都欣然接受。他站在那里，是人民赋予他的使命。无数个国民站在他的身后，同时，无数个国民也站在他的面前。他心中不曾熄灭的热情和内心之中流淌的热血一齐迸发出来，点燃了每个国民积极进取的心，激励人们共同努力建设这个充满希望的国家。

2015年9月20日，亚达夫总统宣布实施《尼泊尔联邦民主共和国宪法》，并就新宪法的颁布向尼泊尔人民表示祝贺。这是尼泊尔历史上第一部由民选代表制定的宪法。在这一历史性时刻，尼泊尔民众纷纷走上街头，高举国旗和鲜花，齐唱尼泊尔国歌，庆贺新宪法的颁布。

根据新宪法，国会将在一个月之内选出总统、副总统、总理、议长和副议长。但亚达夫没有参加新一届总统的竞选。2015 年 10 月 28 日，女议员比迪亚·德维·班达里（Bidhya Devi Bhandari）被选举为总统。班达里时年 54 岁，是尼泊尔执政党、第二大党尼泊尔共产党（联合马列）副主席，2009 年至 2011 年担任国防部部长。她是尼泊尔历史上第二任总统，同时也是首位女总统。

04

中尼文化的传播者

中国与尼泊尔同在喜马拉雅山脚下，有着悠久的交往历史，而且尼泊尔位于印度和中国两大文明的交汇地，对于两国文明的沟通更是有着积极的桥梁作用。

亚达夫非常重视尼泊尔与中国的关系。2010 年上海世博会开幕期间，亚达夫代表尼泊尔政府和人民发表了致辞。

世博会中尼泊尔的展馆主题是"加德满都的城市故事"，这一主题展示出了尼泊尔首都加德满都的风采。

中国在尼泊尔近年来的发展当中发挥了重要作用，在许多方面都对尼泊尔提供了帮助。中尼不仅是邻居，更是互利合作的伙伴。中国的外交政策也影响了尼泊尔，"中国梦"的宏伟蓝图将促进到尼泊尔的发展。亚达夫也赞同中国在区域安全方面发挥的作用。他说："一个稳定、强大和繁荣的中国，最符合地区和全球的和平、安全与稳定。"

2015 年 3 月 27 日，亚达夫在出席博鳌亚洲论坛期间，专程抵达三亚南山寺。相关人员热情接待了亚达夫一行。虽然印度教在尼泊尔更为盛行，但汉传佛教与印度教同宗同源，随着两国交往愈加密切，文化交流也更加丰富。

一行人走到大殿前，南山寺方丈向亚达夫介绍了南山寺近期的发展成果和弘扬佛法方面的成就，并代表中国佛教协会邀请亚达夫总统能多来中国看看。亚达夫也谈到了承载着中尼两国人民友好交往愿望的尼泊尔中华寺，中华寺自建成以来就成为中尼两国交往的重要桥梁。

亚达夫虽然已在 2015 年 10 月 28 日离开了政坛，但他努力推进的中尼世代友好全面合作伙伴关系至今仍在双方的不懈努力下持续推进，力求达到新的高度。

Chapter

政坛理论家

——巴布拉姆·巴特拉伊

政坛理论家

巴布拉姆·巴特拉伊

巴布拉姆·巴特拉伊（Baburam Bhattarai，1954— ），于 2011 年担任尼泊尔联邦民主共和国总理，著名的知识分子、政治理论家。

他出生于尼泊尔廓尔喀一个普通农家，在家乡上完中学后进入旁遮普大学和尼赫鲁大学深造。学生时代，他曾担任全印度尼泊尔学生协会主席。1986 年，巴特拉伊在印度新德里尼赫鲁大学获得区域发展规划专业博士学位后回国。此后，巴特拉伊逐渐步入政治舞台。他在尼泊尔民主化进程中扮演着重要的角色，在尼泊尔政坛颇负盛名，还擅长国际象棋。

当然，他的从政生涯也难免遇到挫折，成功背后也有着不为人知的心酸往事。但纵观他的一生，巴特拉伊取得了难能可贵的成功。在中尼关系的发展进程中，他也起到了推动作用。他还盛赞"中国梦"，并希望能创造更加民主的空间，提高发展中国家的发言权。

01

年少勇担当

巴布拉姆·巴特拉伊于 1954 年出生在尼泊尔廓尔喀，他的父亲和母亲都是普通的农民，偶尔靠做手工如织围巾补贴家用。巴特拉伊从小就跟随父母做农活儿和手工，从而磨炼出了坚忍不拔、不怕吃苦的精神。

巴特拉伊从小勤奋学习，奋发图强，把闲暇时间都用在学习上面，绝不因贪玩而耽误正经事情。巴特拉伊还跟着姐妹做围巾、披肩等饰品来谋生。巴特拉伊的姐姐告诉他一定要努力学习，才能走出这个贫穷的小山区。他也在心里也暗暗发誓，一定要出人头地，给家人最好的生活。

巴特拉伊非常热爱学习，从小到大，学习成绩都名列前茅。上学期间，巴特拉伊开始对政治产生兴趣，经常留意国际政治大事件。国家之间的政治、经济和文化往来，他都十分关注，并喜欢和不同的人交流看法，他发表的观点总能令旁人刮目相看。他小小年纪就展现出了敏锐的洞察力，似乎天生就具有政治家的风范，这种独立思考的能力、对特定事物的热情，为他日后成为政治理论家奠定了基础。

在家乡上完中学后，巴特拉伊获得奖学金去印度上大学。在印度求学期间，巴特拉伊谦虚谨慎，一心向学，不懂就问，课后也经常查阅自己感兴趣的课程资料，珍惜留学期间的每分每秒。在同学都放学回宿舍或者吃饭的时候，他还在教室专研疑难知识，有时甚至忘记吃饭。当时，他在大学里已有一定的知名度。据他的同学说，巴特拉伊经常受到老师的赞扬，很多老师都很欣赏他的为人处事风格和严谨的学习态度，还让其他同学向他学习。

另外，印度和尼泊尔是相邻的两个国家，两国关系深深影响了相互的发展和人民的生活，所以，巴特拉伊格外关心尼印两国的关系发展，暗暗下定决心要为两国人民友好交往做出贡献。在留学期间，巴特拉伊也与印度的同学友好相处，他时常说两国有着相同的宗教起源，希望他的同学有机会能够去尼泊尔旅游、学习和交流。他和印度的同学交流政治、经济和文化上的见解，和同学关系融洽。1986 年，他获得了区域发展规划博士学位。

那时巴特拉伊还非常喜欢国际象棋。在学习和生活之余，他经常打磨棋技，和同学朋友下国际象棋。他的国际象棋水平出色，曾仅仅用了二十三步就击败了当时的世界冠军、荷兰国际象棋大师马克斯·尤伟（Max Euwe）。巴特拉伊如果没能成为一名职业政治家，也有可能成为一名国际象棋大师。

主持创立和平理论

巴特拉伊在印度获得博士学位后回国，他选择成为一

名职业政治家，立志为尼泊尔的政治建设和民主政治贡献
力量。

尼泊尔共产党自 1949 年组建之日起，经历了多年的分裂
斗争。1989 年，从尼泊尔共产党（第四次大会）分裂出来的
尼泊尔共产党（新火炬）迎来了新任总书记普拉昌达（普什
帕·卡迈勒·达哈尔，Pushpa Kamal Dahal）。1990 年 11 月，
普拉昌达领导的尼泊尔共产党（新火炬）、尼泊尔共产党（第
四次大会）、无产阶级工人组织、尼泊尔共产党（Janamukhi）
合并组建了尼泊尔共产党（团结中心），由普拉昌达任总书记。
由于该党处于地下状态，因此另外组织了一个公开的"联合
人民阵线"从事合法政治活动，由巴特拉伊担任主席。1995 年，
尼泊尔共产党（团结中心）改组为尼泊尔共产党（毛主义）。
1996 年 2 月，巴特拉伊以"联合人民阵线"主席名义，向时
任首相德乌帕递交了四十点要求，对方未给予答复。这其实
是尼共（毛主义）发动"人民战争"前夕的公开宣言，系统
阐述了尼共（毛主义）关于民族、民主、民生等三个方面的
政治主张，其武装起义的目的在于推翻现行的君主立宪制，
建立共和制。

巴特拉伊曾长期担任普拉昌达的助手，后成为普拉昌达
领导下的尼共（毛主义）二号人物，主要负责思想理论研究，
经常亲自执笔宣传普拉昌达的政治思想，撰写关于政治民主

方面的文章。他的政治主张及文章赢得了很多尼泊尔人民的支持，同时他在国际共产主义运动中有很高的声望。

2004 年年底，普拉昌达与巴特拉伊在对印问题上出现分歧。普拉昌达主张反对"美帝国主义"的同时，也反对"印度扩张主义"；而巴特拉伊却认为，在党处境艰难的情况下，不应把印度当作敌人。在两种不同的政治中，前者得到了党内的广泛支持。巴特拉伊及其夫人被逐出中央委员会。之后巴特拉伊很快认识到错误并检讨，2005 年下半年，夫妇二人重回党的领导层。

"把尼泊尔变成东亚和南亚的桥梁国"

2011 年 8 月巴特拉伊就任尼泊尔总理的时候，中国国务院总理温家宝致电表示祝贺。温家宝在贺电中说，中尼建交 50 多年以来，不管国际风云和国内局势如何变化，中国和尼泊尔的关系始终友好，人民友好往来，堪称大小国家平等对待、友好相处、互利共赢的典范。

巴特拉伊也非常重视与中国的友好关系，并热情地邀请温家宝总理访问尼泊尔。

2012年1月14日,温家宝总理对尼泊尔进行了正式访问。访问期间,中国和尼泊尔在加德满都发表了《中华人民共和国和尼泊尔共和国联合声明》。双方同意,在平等互利的基础上,进一步加强贸易、旅游、交通和基础设施建设等领域的合作。

2016年10月,21世纪"海上丝绸之路"国际博览会在广东举行,巴特拉伊借此机会来到中国,并围绕"一带一路"产能合作与创新发展在博览会上发表演讲。

04

总理夫人雅米的中国之行

2012年8月,应中国和平发展基金会邀请,巴特拉伊的夫人西斯拉·雅米(Hisila Yami)率尼泊尔主流媒体考察团共14人访华。回国后的第二天,她就在尼泊尔《加德满都邮报》上发表了《我的中国之行》[1]。文章写道:

作为一名政治家、前任部长以及现任尼泊尔第一夫人,

---

[1] 西斯拉·雅米.我的中国之行[J].郑敏娜译,当代世界,2012,(09):63—64。

我曾经到访过许多国家，却从未访问过与我们有 1440 公里共同边界的北部邻国——中华人民共和国。

……

中国对我来说是一个特别的地方，因为那里是毛泽东思想的发源地。当我正纳闷自己怎么能没有访问过中国这样一个亚洲大国，一个战略意义日趋重要、仅次于美国的第二大经济体的时候，我接到了中国驻尼泊尔大使杨厚兰先生邀请我率领一个 14 人的尼泊尔主流媒体考察团访问中国的电话。考察活动由中国和平发展基金会负责组织，该基金会是一个旨在促进中国与世界各国民间交流的非政府组织。

大部分代表团成员都是第一次访问中国，因此我们倍感兴奋。2012 年 8 月 16—28 日，我们带着激动的心情访问了中国四个城市。我读过关于中国的鸦片战争、抗日战争、五四运动、解放战争及社会主义建设等历史书籍，对中国充满了好奇。可以亲眼看到中国如何一边建设中国特色社会主义，一边参与全球经济发展的竞争，让我十分激动。

满怀着一颗好奇之心，我们乘机抵达云南省省会昆明。昆明地处中国西南边陲，与缅甸、老挝及越南接壤。在那里，我们受到了中国和平发展基金会的热烈欢迎。

云南高山众多、生物多样，水电资源潜力巨大，这与尼泊尔非常相似。云南省政府加快调整农业结构，将农业放在经济发展的基础位置，这点尤为值得尼泊尔借鉴。

我们参观了被评为"中国十佳小康村"之一的云南福保村，那里的人们利用现代科技在滇池污水表面种植蘑菇和蔬菜，净化水质；我们还参观了依托山林温泉建造的世界最大的室内温泉水上世界，集水上运动和医疗保健功能为一体。在这里，乡村旅游蓬勃发展，国内外游客络绎不绝，令人叹为观止。

我们还参观了有 26 个少数民族聚居的云南民族村，民族村很好地展示了不同民族的人们生活的原貌。考虑到尼泊尔也正在推进以民族为基础的联邦制，我们对此非常感兴趣。

访问的下一站是青岛。青岛地处山东半岛，与韩国、日本隔海相望，战略位置重要。青岛是一个与新加坡相似的海港城市，通讯发达，商贸往来频繁，工业发展迅速。作为一个拥有建筑学硕士学位的设计师，我对发展迅速、经济潜力巨大的青岛西海岸经济新区尤感兴趣。该地区基础设施健全，高楼大厦林立，投资配套设施齐全，给我们留下了深刻的印象……也正因为这些项目的成功实施，青岛成为了中国最具经济活力的十大城市之一和颇具发展潜力的港口。

……

　　如此优美、朴实、生动、感人的文章，让人看到了中尼友好关系进一步发展的潜力和前景，感到中国发展的国际影响和"一带一路"建设的意义。巴特拉伊"把尼泊尔变成东亚和南亚桥梁国"的梦想，也正在一步一步地变为现实。

尼泊尔语言文学的奠基人

——巴努巴克塔·阿查里亚

尼泊尔语言文学的奠基人二〇二〇年春 吴涛浩
画巴努巴克塔·河查里亚

巴努巴克塔·阿查里亚（Bhanubhakta Acharya，1814—1868），尼泊尔著名的民族诗人。他的名字在尼泊尔家喻户晓。在这个多民族的国家，尼泊尔语以语言纽带把大家联结在一起。而尼泊尔语的发展和规范化则要归功于巴努巴克塔这位民族诗人。他热爱文学，更热爱千千万万纯朴勤劳的尼泊尔人民。他积极投身于经典文学作品的译制工作，将《罗摩衍那》由梵文翻译成尼泊尔语；他积极从事尼泊尔本土文学的创作，让文学的殿堂为人民敞开大门；他还创作了很多优美的诗篇，其中不少作品成为尼泊尔人人传颂的经典。他因此被誉为尼泊尔语言文学的奠基人。

01

村庄里的诗意少年

1814 年 7 月 13 日，春地拉马哈村的阿查里亚家里热闹极了。一个新生命的诞生，给家人干涸的心带来了些许安慰。祖父非常喜欢这个孙儿，认为这个孩子是上天赐予他的珍贵礼物。巴努巴克塔的祖父有着多重身份：既是一名教师，也是一名知识渊博、相对富裕的宗教学者。小巴努巴克塔的生活和学习环境很优越，从小便对宗教产生了极大的兴趣。在祖父讲经或者讲课的时候,小巴努巴克塔都是最忠诚的听众。随着小巴努巴克塔慢慢长大,听课已经不能满足他对于新知识的渴望,他开始将自己的目光转向祖父的书房。人小鬼大的巴努巴克塔令祖父惊奇,更令他欣喜。他很乐意为小巴努巴克塔敞开书房的大门。书房里是一片神秘的知识之海,将巴努巴克塔带入了一个全新的世界。

这个无忧无虑的少年每天沉浸在自己的小小世界里,在祖父的书房里看书,看累了,就跑到外面的草地上晒太阳。他对大自然有一种与生俱来的痴迷,当他的同龄人整天在一起嬉戏打闹的时候,巴努巴克塔却常常在草地上盯着蓝天白云发呆。他那颗尚还稚嫩的心在想些什么呢?他可能在想祖父跟他讲过的宗教奥义;他与身下的土地"亲密接触",想感受人和自然的奇妙联系。日子一天天过去,敏感的少年在懵懂中一点一点成长起来。

用尼泊尔语翻译《罗摩衍那》

少年时的经历激起了巴努巴克塔的文学热情和创作欲望。他开始摸索着创作诗歌,但这并不是一件容易的事。巴努巴

克塔清楚地认识到，人人都可以作诗，可真正优秀的诗人却
凤毛麟角，他不愿做一个平庸的文字堆砌匠。而且，文学创
作光有天赋是远远不够的，没有广博的知识、深切的生活体
会，是没有办法写出脍炙人口、动人心弦的作品的。在这个
过程中，除了寻求自己学识渊博的祖父的帮助，他还投身于
对尼泊尔语言的悉心研究之中。

　　19世纪的尼泊尔文坛几乎是一座荒园。尼泊尔是一个宗
教国家，文学作品的书面用语采用梵文，而学习研究梵文文
学的特权又掌控在少数宗教学者和贵族的手中，普通民众很
难接触到，即便可以接触到，晦涩的梵语也成为横亘在文学
和民众之间的坚固城墙。了解到这一现实状况后，巴努巴克
塔更坚定了使用民族语言为人民而创作的信念。

　　创作之路是艰难而且漫长的，尤其是创作前期需要进行
冗杂的准备工作，超负荷的工作量和漫长的时间极其容易磨
灭一个人的激情和创作欲望。很多怀着创作雄心的人们止步
于这个阶段，而真正的作家终将熬过那一段痛苦又甜蜜的时
期，迎来作品诞生时的欣喜。巴努巴克塔属于后者，他安静、
淡泊的性格帮助他安然度过了那段时期，也让他收获了意料
之外的东西。

　　《罗摩衍那》是一部公认的梵文经典巨作，它那恢宏磅
礴的气势和优美婉转的韵律令每一个阅读它的人深深着迷。

巴努巴克塔也不例外，他被这部巨作深深地感动了。《罗摩衍那》塑造了一群性格鲜明、生动的人物，他们的美好品质就像钻石一样闪烁着永恒的人性光芒。巴努巴克塔认为，尼泊尔善良的劳动人民需要去阅读这些诗，了解这些英雄。他决定将这样的鸿篇巨制从梵文翻译成尼泊尔语，这样的想法几乎让他激动到战栗。但他也十分清楚，一旦做出这个决定，等待他的是一段无比艰辛的路途，而且他担负的责任和使命将会无比重大。

就这样，巴努巴克塔投入到了伟大的事业之中。他认为，只有将梵语版的《罗摩衍那》认真研究、吃透，领悟到其中的精髓部分，才可能用自己民族的语言将之准确无误地传达给别人。

他一边研究梵文，一边研究尼泊尔语。但有关尼泊尔语的文献作品少得可怜，甚至作家们进行创作的时候都会刻意绕过尼泊尔语，选择梵文。而尼泊尔语又偏口语化，经过数百年的发展，并未形成一个相对完整的语言体系。无数的难题横亘在巴努巴克塔的面前。然而他是一个不服输的人，从小刻苦学习的经历培养了他不懈钻研的精神和刚毅坚韧的品格。他始终坚信一个道理：事在人为。

他也没有忘记自己年少时的体悟：真正的诗意来自大自然，来自山川大海，来自一草一木一花一叶，来自劳动人民勤劳耕耘的泥土。于是巴努巴克塔的身影出现在乡间、农舍、田野、森林，他常常穿梭于村庄、街巷，搜寻探索着尼泊尔语；又像一个流浪诗人，与露水为伴，目送太阳落山，迎接满天的星辉。他源源不断地汲取着自然的力量，与此同时，《罗摩衍那》的恢宏诗篇在他的心里一天天生长、壮大起来。

功夫不负有心人。1853年，巴努巴克塔完成了《罗摩衍那》的尼泊尔语翻译。

罗摩是印度古代传说人物之一。在印度的地位相当于中国的尧舜。"罗摩衍那"意为"罗摩的游行"或"罗摩传"。《罗摩衍那》是印度两大史诗之一（另一部是《摩诃婆罗多》），最早成书于公元前三四世纪。人们认为，第2章到第6章是较早完成的，第1章和第7章可能是后来补充的续作。在原作中，罗摩是一位理想的英雄形象，但续作将罗摩说成是毗湿奴的化身，两部分的文笔风格也不一致。

在印度传统的文化观念中，罗摩是毗湿奴的化身，他杀死魔王罗波那，确立了人间的宗教和道德标准。他在印度文化中的地位甚至相当于耶稣在基督教文化中的地位。

因此，巴努巴克塔翻译的尼泊尔语版《罗摩衍那》一经出版，立即在全国引起了轰动。

用尼泊尔语创作诗歌

尼泊尔语版《罗摩衍那》部分内容出版后，人们都在好奇这个伟大的作家究竟是谁。巴努巴克塔因此声名远扬，得到了大家的尊崇，但他还是那个安静的、喜欢和大自然密语的诗人，那个淡泊名利、忠于文学的作家，那个性格温厚、平易近人的好邻居。

不得不承认，巴努巴克塔是一位极具天赋的作家。他的作品充满了灵气，一句句优美的诗行中仿佛有音符在跳跃，他超强的创造力总是给人们带来层出不穷的惊喜。巴努巴克塔的作品受到了全国人民的欢迎，因为他是一位真正意义上的人民作家，他写的不仅是自己的感受，更是广大劳动人民的心声。同时他也是一位贴近生活的作家，因为他总是闲不下来，他的足迹遍布尼泊尔的土地。他相信，诗意就藏在他走过的路上，在他留下的每一个足迹里，在他看过的日升月落、斗转星移里，甚至在茶杯里漂浮着的茉莉花瓣里。事实确实如此，他把从自然中得到的灵感都化作一篇篇优美的诗歌，通通奉献给了他爱着的尼泊尔。

1868 年，这位尼泊尔作家走完了他的一生。

巴努巴克塔用尼泊尔语从事文学创作与译著《罗摩衍那》，在尼泊尔历史上意义重大。

尼泊尔有一百多种语言，今天的官方语言是属印欧语系的尼泊尔语，大概一半的尼泊尔人使用尼泊尔语作为其母语，其他尼泊尔人将其作为第二语言。除了尼泊尔外，不丹、印度和缅甸的一些地区也使用尼泊尔语。

尼泊尔语文学作品出现得很晚，直到 19 世纪下半叶尼泊尔语文学作品才逐渐丰富、发展，巴努巴克塔译著的《罗摩衍那》是其中影响最大的作品之一。

在巴努巴克塔之前，尼泊尔人在书面语言上主要使用梵文和印地语。尼泊尔语版《罗摩衍那》的出现，改变了以往只有梵文深奥难懂的宗教术语及域外语种（如印地语）对尼泊尔文坛的统治局面，推动尼泊尔文学走向"民族的文学""平民的文学"，也促使尼泊尔语真正成为国语。

巴努巴克塔不只对《罗摩衍那》进行了简单的翻译，还结合尼泊尔的宗教、文化、社会等方面，用通俗、简洁的尼泊尔语重新演绎成符合本地诗词韵律的长篇诗歌。这对培养尼泊尔的民族意识具有重大意义，因此巴努巴克塔被视为推进尼泊尔民族统一的英雄和旗手。

时间是最公正的审判者。巴努巴克塔最终用他卓越的贡献证明了他的价值，在文学史的长河里放射出璀璨的光亮，并将穿过历史，照亮未来。

雪山之虎

——丹增·诺尔盖

如果人的一生都在为一个梦想而执着奋斗，敢于挑战一些似乎不可能完成的任务，那么这样的人毫无疑问是值得尊重和牢记的。丹增·诺尔盖（Tenzing Norgay，1914—1986）就是这样一个让人受之鼓舞、肃然起敬的人。1953年5月29日，丹增·诺尔盖和新西兰人埃德蒙·希拉（Edmund Hillary）成为人类历史上首次登上珠穆朗玛峰顶峰的探险者，创造了人类登山史上的伟大壮举。

01

前往珠峰的搬运工

丹增·诺尔盖是夏尔巴人（居住在尼泊尔、中国、不丹、印度等地的一个山地民族），夏尔巴人主要定居在海拔4700米左右的索卢昆布地区。索卢昆布位于珠穆朗玛峰附近，在幼小的诺尔盖心中，那遥不可及又近在咫尺的珠穆朗玛峰峰顶，是自己时时牵挂却又无法企及的梦想。

诺尔盖的父亲是一个牧民，诺尔盖少年时会跟随父亲在喜马拉雅山脚下放牦牛。他或是伏在父亲的肩膀上，或是骑在牦牛的脊背上，仰望峰顶，梦想着有一天能登上山顶。

20世纪之前，外界很少有人熟知夏尔巴人的情况。夏尔巴族始终过着自食其力的日子，保持着独特的民族文化。诺尔盖并不满足于这种世代相传的生活传统，青少年时期便离家追逐梦想。他首先去往加德满都，后来又去了印度大吉岭，一度在汤坡崎寺修行。

1935 年，英国著名登山家埃里克·希普顿（Eric Shipton）准备率领一支探险队攀登珠穆朗玛峰，故先来到大吉岭招募搬运工。诺尔盖和另外两个人报名并参加了体检。体检时，其他两人均不合格，只有身体素质良好的诺尔盖被选中了。他坚定的目光给希普顿留下了深刻的印象，于是希普顿决定带他探险。就这样，诺尔盖作为搬运工第一次参加了攀登珠穆朗玛峰的挑战。

20 世纪二三十年代，多个英国探险队试图从藏北攀登珠穆朗玛峰，却均以失败而告终。

1921 年，英国登山队在查尔斯·霍华德 - 伯里（Charles Howard-Bury）的率领下在中国西藏境内开始攀登珠穆朗玛峰，但没有越过北坳顶部。这是他们的第一次登山活动，虽然没有成功，但是对于所有登山挑战者来说，这次攀登带来了前进的动力，同时也吹响了持续进军珠穆朗玛峰的号角。

1922 年，又一支英国登山队在查尔斯·吉·布鲁斯（Charles G. Bruce）的带领下，从中国西藏境内北坡行进，越过北坳，到达海拔 8225 米处。但在快要达到终点之时，由于死亡人数过多，宣告行动失败。不过这次探险激励了更多的挑战者，因为他们看到，登顶珠穆朗玛峰并不是一个不可完成的任务。在前两次经验的基础上，他们更加精心准备，准备冲刺峰顶。

1924 年，查尔斯重整旗鼓，率领登山队从珠峰北坡出发，在到达"第二台阶"下边的 8572 米附近时，因氧气不足被迫下山，乔治·马洛里（George Mallory）和安德鲁·欧文（Andrew Irvine）坚持前进，后失踪。这次探险也失败了。马洛里的遗体后来于 1999 年在海拔 8150 米处被发现。

1933 年, 共 16 人的登山队在休·卢托列吉(Hugh Luttredge)的带领下仍从中国西藏北坡行进，队员哈里斯和威格尔在海拔 8500 多米时发现了 1924 年登山队队员欧文的冰镐，证实欧文、马洛里二人曾经到达过这里，但他们也没有登上新的高度。第四次登顶探险仍以失败而告终。

这些失败的经历，似乎向人们证明了珠穆朗玛峰是无法被征服的。但每个登山者心里都明白，登顶珠峰并不是个人挑战，而是人类与大自然进行的一场旷日持久的极限挑战。

时为搬运工的诺尔盖明白，他那遥不可及又近在咫尺的愿望，并不那么容易。

希普顿的这次探险也失败了。他率领的这支登山队，只攀登到中国西藏境内珠峰北坡海拔 7000 米处，便随即返回。

在这次登山探险中，诺尔盖的表现杰出，受到了英国人的敬重，他开始与西方人交往。20 世纪 40 年代早期，诺尔盖随军住在吉德拉尔（今巴基斯坦北部城市）。这段时间，诺尔盖结婚了，婚后有了三个孩子。但不幸的是，他的妻子在他随军期间不幸离世。1947 年印巴分治时，诺尔盖带着孩子回到大吉岭，回到了那个让他魂牵梦萦的地方，并继续探险珠峰。

1947 年，诺尔盖曾担任一支瑞士远征队的领队，他在抢救受伤的队员时表现英勇。该探险队到达了喜马拉雅山西侧凯达尔纳特主峰的 6940 米处。

这次尝试让诺尔盖认识到珠峰峰顶充满了不确定因素，自己与同伴的身体条件也是完成登顶壮举的关键，他必须始终充满信心，做好各种可能的风险预测并制定好应对方案，这样才能在厄运来临时保持镇定。

人类首次登顶珠峰

1953 年，诺尔盖参加了由约翰·亨特（John Hunter）领队的英国珠峰登山队的探险。探险队中有一名成员，名叫埃德蒙·希拉里（Edmund Hillary），在攀登过程中不慎落入裂缝，几乎丧命。在生死存亡之际，是诺尔盖用他的冰镐成功地拦住了他。在这样的紧要关头，诺尔盖的相救让希拉里意识到，在未来的登峰行动中，诺尔盖是攀登伙伴的首选。

希拉里是一名探险家，1919 年出生于新西兰的奥克兰，他和诺尔盖成了可证记录中最早成功攀登珠穆朗玛峰峰顶的人。16 岁时，希拉里曾随学校旅行去往鲁阿佩胡火山，激发起了他对登山行动的兴趣。他发现自己非常强壮，并且具有比其他登山同伴更强的耐力。二战爆发后，他成了新西兰皇家空军的导航员。后因受伤被遣返，退役后继续投身登山事业。

诺尔盖和希拉里的相遇或许也是命中注定，诺尔盖积累的丰富的攀岩经验能给希拉里带来很大的帮助，希拉里的专业攀岩技巧同样可以给予诺尔盖指导，或许正是这样才成就了后面一段精彩的华章。

1953 年，希拉里加入了由约翰·亨特领导的英国珠峰探险队。他们先是用 20 多天的时间来适应高海拔生活——这对于他们来说已经习以为常。每一次探险之前，队员们必须进行充分的准备活动，才能在高海拔上承受严酷的挑战。而这一次，大家同样如此，全身心地投入准备工作。他们在珠穆朗玛峰南侧 5400 多米的地方建立了登山大本营，经过多日的磨合和准备，这支队伍正式开始了登顶行动。

5月，队员们通过孔布冰川，他们分为了两个突击登峰的小组：第一组是英国人查尔斯·埃文斯（Charles Evans）和汤姆·布尔吉朗（Tom Bourdillon），而第二组就是希拉里和诺尔盖。

5月26日，这天的天气极好，第一组的埃文斯和布尔吉朗已到达位于南坳的第八营，而此时的希拉里和诺尔盖则位于洛子峰半山腰的第七营。第一组成员已准备当天挑战登顶，这一切似乎都在预计之中。当天中午，希拉里和诺尔盖到达南坳第八营，他们时刻在关注着第一组埃文斯和布尔吉朗的状况。就在此时，天气突变，大片云层飘过，忽然遮挡住了他们的视线，而等云层散开后，希拉里他们发现第一组的两人很明显是向下滑行了几百米的距离，好在下面的雪堆给了埃文斯和布尔吉朗缓冲的契机，否则后果不堪设想。这时的埃文斯和布尔吉朗已然筋疲力尽，步履维艰，毫无疑问，这样的条件已经不适合再去冒险登顶，希拉里等人费了好大劲儿才把他们扶回营地。这时，几个人都已筋疲力尽，只能暂时放弃登山行动。

5月28日早上，风停了，雪山再一次恢复了平静，希拉里和诺尔盖等人欣喜若狂。他们赶忙收拾行装，准备上路。他们穿过南坳，开始向大峡谷的陡峭斜坡攀爬，再往上就是东南山脊了。

斜坡越来越陡，当攀岩至海拔 8300 多米时，希拉里和诺尔盖看到了中继站，这是队友为其建立的，除了感激、感动外，他们更加坚定了心中的那份誓言与决心。在这里，他们补充了登山必备的物资，希拉里更是背负起 27 公斤的重量——这也为后期食物供给做足了准备。

当攀岩至 8500 多米时，希拉里和诺尔盖到达了可以设立第九营的地方。5 月 29 日凌晨 6 时多，希拉里和诺尔盖向顶峰进军。最后的考验，同时也是真正的考验，开始了。

前面的山脊很难前行，脚下的冰层十分易碎，每向前行一步，都意味着向危险靠近一步。当他们终于到达了海拔 8830 米处时，距峰顶似乎只是一步之遥，但在这样的高度，每上升一米，就要耗费平时数倍的力气。而让希拉里和诺尔盖更为震惊的是，他们登顶的路被一面高达 12 米的岩壁切断。他们必须尽快想办法找到出路，毕竟多待一分钟就会增加一分危险。危急之中，希拉里只好冒险挤进岩壁上一条狭窄的裂缝，他用冰爪踢动后面的冰层，同时用手摸索可以抓牢的地方，慢慢向上攀岩。诺尔盖紧跟其后，也开始沿着冰缝往上攀爬。

他们终于翻过岩壁，继续往前走，一路寻找顶峰的位置。峰回路转，他们终于到达一片平坦的雪地，而这里就是峰顶。

5 月 29 日 11 时 30 分，希拉里和诺尔盖终于登上了世界屋脊珠穆朗玛峰的峰顶，创造了人类首登珠峰峰顶的纪录。希拉里庄严地将一个十字架埋在峰顶，诺尔盖则虔诚地埋下几颗糖果，以此祭拜神灵。

出于安全考虑，诺尔盖和希拉里在峰顶上只停留了 15 分钟，希拉里在峰顶拍摄的照片是诺尔盖手举冰镐站在峰顶处，上面插着随风飞舞的旗子。由于诺尔盖不会使用希拉里带的相机，因此希拉里登顶的过程影像并没有被拍摄下来。后来，一些好事者反复提出一个问题：他们中到底谁才是登顶的第一人？针对这个无聊而且有些不怀好意的问题，队长亨特宣布："他们作为一个团队一起到达。"

由于当时通信不发达，这个好消息几天后才得到传播。当年 6 月，这一消息恰好在英国女王伊丽莎白二世登基当天向全世界宣布，之后女王分别对希拉里和诺尔盖进行封赏。希拉里被授予爵士爵位；诺尔盖则被授予乔治勋章——这枚勋章是授予平民的最高奖章。

夏尔巴人永远的骄傲

诺尔盖因登顶珠峰而闻名世界后，又去往很多国家和地区，向人们讲述他的登顶经验。1986 年，诺尔盖逝于大吉岭，享年 72 岁，他的遗骸被交由喜马拉雅登山协会（Himalayan Mountaineering Institute）火化。他永远地安眠在了这片让他始终牵挂的故土上。

2013 年 5 月 26 日至 29 日，也就是希拉里和诺尔盖从位于洛子峰半山腰的第七营出发至登上珠峰峰顶的 60 年后，尼泊尔举行了为期四天的纪念活动。彼时，希拉里和诺尔盖都已经离世。他们的家人受邀参加纪念活动，向两人的塑像献花。

最为感到骄傲并受诺尔盖其影响最大的恐怕还是夏尔巴人。

长期以来，夏尔巴人深居深山老林，过着几乎与世隔绝的生活。1921 年以来，当世界各国顶级的登山家来到喜马拉雅之后，发现登顶的最大阻碍是后勤保障。幸运的是，夏尔巴人在高海拔处的行动能力优秀，可以参与登山运动的后勤保障建设。在优秀登山家的培养、带动下，夏尔巴人承担物资运输、营地建设等基本工作。这一工种被称为"高山向导"。

在诺尔盖成功登顶之前，只有少数夏尔巴人从事"高山向导"的工作。诺尔盖成功之后，越来越多的夏尔巴人当起了"高山向导"。一个名叫阿帕·夏尔巴的"超级夏尔巴人"，从 1990 年 5 月 10 日第一次登上世界之巅，到 2012 年告别尼泊尔前往他国定居，共攀登珠穆朗玛峰22次，成功登顶21次。

为各国登山队提供向导和后勤服务，已成为夏尔巴人的主要经济来源之一。高山服务很危险，对身体伤害也大，能够参加这一工作的人数也有限。因此，一些成功的登山者为了感谢夏尔巴人的帮助，设法对其进行经济援助。

希拉里于1953年登顶成功后，多次回到尼泊尔，并于1960年成立了喜马拉雅信托基金会。在来自新西兰和其他国家的数百名热情志愿者的帮助下，喜马拉雅慈善基金会以拍卖与喜马拉雅山有关的探险家的纪念品、艺术品、书籍等物品及慈善募捐等方式，帮助居住在尼泊尔喜马拉雅山区的人民。虽然希拉里已经去世，但由他创建的喜马拉雅信托基金会仍在开展活动。

"超级夏尔巴人"阿帕退出登山界后，也成立了阿帕·夏尔巴基金会，继续做着希拉里所开创的慈善事业。

诺尔盖对世界登山运动，以及对尼泊尔人特别是夏尔巴人的贡献，永远值得铭记。

后 记

　　"一带一路"相关国家众多，代表性人物众多，为中外交好、民心相通做出杰出贡献的人士众多，因此，为"一带一路"璀璨群星立传，既使命光荣，又责任重大。在这项浩大工程的策划、组织、执行过程中，有许许多多的人士参加了有关传主的名单征集和审定，以及写作、翻译、审读、编辑、出版、筹资、联络等繁重而琐细的工作。所有参与的人员，以拳拳报国之心，尽深厚学养之力，克服了时间紧、任务重、要求高、压力大等诸多困难与挑战，最终圆满完成了任务。在本书付梓之际，丛书编委会特向参与本项目的全体同志致以崇高敬意和衷心感谢！

　　同时特别需要鸣谢的是，提出策划并领导实施此项目的中国传记文学学会会长王丽博士，基于长期法律实务经验和担任"一带一路"服务机制主席职务的便利，她对相关国家、走出去的"一带一路"建设者和广大青少年的需求了解真切，提出应当为他们写一套介绍各国典型人物的简明易读的传记，为他们提供健康的精神食粮。她把这项"额外"的工作当成了事业，联袂商会筹集资金、苦口婆心招揽作者、精心挑选传主名录、夙夜青灯挥笔写作、近乎偏执逐字推敲、亲力亲为呕心沥血。面对如此浩大的出版项目和繁重的出版任务，当代世界出版社毅然承担了绝大部分图书的出版任务，而且出版社的领导与中国传记文学学会的负责同志一起协商，寻求有关部门的支持和帮助，努力将该传系打造成高质量的精品好书。在此，我们特向项目牵头人和当代世界出版社的领导和编辑致以崇高敬意和衷心感谢！

尤其让我们感动的是，在项目执行过程中，一些富有家国情怀的民间商会和企业家的慷慨解囊，虽不足以支撑项目的全部费用，但是他们所表现出的热心和支持，让我们坚定了走下去的信心和决心。在此，我们要特别鸣谢为本书的创作和出版做出捐赠的支持单位，并对他们的拳拳报国之心和慷慨无私帮助致以崇高敬意和衷心感谢！

一项伟大的事业，离不开许多默默无闻的奉献者。在本传系的组织、编写、出版过程中，有历史、文学、科研、外交、教育、法律、翻译、出版等领域的数百位专业人士参与，恕不能在此一一详列。需要特别提出的是，鞠思佳、徐帮学、景峰等同志为组织联络、搜集资料到处奔波而毫无怨言。唐得阳、唐岫敏、白明亮、谭笑、曹越等同志在编写、翻译、编辑、校对过程中的细致与负责让我们感动。赵实、胡占凡、高明光、吴尚之、刘尚军、李岩、王灵桂、李永全、陈小明、许正明、宋志军等同志睿智的指点和专业的帮助让我们避免了走许多弯路。在此，我们特向以上各位同志致以崇高敬意和衷心感谢！

当然，由于我们水平所限，本丛书难免有某些不尽人意之处和瑕疵，敬请学界专家和各位读者不吝赐教，我们将在作品再版之时吸收完善。在此，我们也向各位读者提前表示崇高敬意和深深感谢！

《"一带一路"列国人物传系》编委会

2023 年 10 月 18 日